Georg Friederici
Die Schiffahrt der Indianer

Georg Friederici

Die Schiffahrt der Indianer

ISBN/EAN: 9783954271030
Erscheinungsjahr: 2012
Erscheinungsort: Bremen, Deutschland

© maritimepress in Europäischer Hochschulverlag GmbH & Co. KG, Fahrenheitstr. 1, 28359 Bremen. Alle Rechte beim Verlag und bei den jeweiligen Lizenzgebern.

www.maritimepress.de | office@maritimepress.de

Bei diesem Titel handelt es sich um den Nachdruck eines historischen, lange vergriffenen Buches. Da elektronische Druckvorlagen für diese Titel nicht existieren, musste auf alte Vorlagen zurückgegriffen werden. Hieraus zwangsläufig resultierende Qualitätsverluste bitten wir zu entschuldigen.

Die Schiffahrt der Indianer

Von

Dr. Georg Friederici

Hauptmann a. D.

Stuttgart
Verlag von Strecker & Schröder
1907

Herrn **Romanus Conrad**
in Stettin,

dem Freunde meines Vaters, in Erinnerung an manche gemeinsame, den Knaben belehrende Bootfahrt freundlichst gewidmet.

Inhaltsübersicht.

	Seite
Vorwort	VII
Die Beanlagung des Indianers für die Schiffahrt	1
Die Schiffstypen	12
Die Balsa	16
Das Bull-Boot	26
Boote	28
Das Kanu	30
Die Dalca	43
Das Fell-Boot	45
Die Canoa	46
Die Piragua	63
Das Rudergeschirr	70
Das Segel	73
Anker, Ballast und anderes Schiffszubehör	79
Seemannsgeist	82
Das Boot im Frieden	87
Das Boot im Kriege	100
Das Boot in Freud und Leid	109
Verzeichnis der benutzten Quellen	111

Vorwort.

Im Rahmen einer Sammlung ethnologischer Abhandlungen hatte sich meine Arbeit innerhalb der im voraus festgelegten Grenzen zu halten. Daher musste darauf verzichtet werden, dem Buche einen kostspieligen Atlas von Typen indianischer Fahrzeuge beizufügen, und manche Abschnitte der Darlegung konnten nur recht kurz behandelt werden. Aber ich habe mich bemüht, alle Punkte zu berühren, die auf die primitive amerikanische Schiffahrt Bezug haben können, und ich hoffe, dass auch dort die Tiefe der Untersuchung nicht vermisst wird, wo der beschränkte Raum die volle Ausnutzung des vorbereiteten Materials verbot.

Das Buch sollte schon seit mehreren Wochen im Druck sein, als sich herausstellte, dass der grössere Teil der Anmerkungen verloren gegangen war. Da mich besondere Umstände für jetzt und das kommende Jahr verhindern, diesen Verlust, welcher die Arbeit von Monaten darstellt, zu ersetzen, so musste das Buch ohne die verschwundenen Anmerkungen gedruckt werden, wenn es überhaupt in absehbarer Zeit erscheinen sollte.

So lasse ich denn diese Arbeit mit schwerem Herzen hinausgehen, aber in der Hoffnung, das Verlorene später in einem anderen Zusammenhang nachholen zu können.

Es ist eine eigene Luft, die am Wasser weht, ein Geist besonderer Art, der über ihm schwebt; die Indianer Amerikas haben sich ihren Einflüssen ebensowenig entzogen, wie unsere braven Matrosen. Diesen Geist zu erfassen, ist für eine Landratte nicht immer leicht. Aber am Wasser geboren und gross geworden glaube ich, dass er nicht spurlos an mir vorübergegangen ist, und hoffe, dass auch ein Hauch von ihm durch diese Arbeit weht.

Kiel, im Juli 1907.

Der Verfasser.

Die Beanlagung des Indianers für die Schiffahrt.

Sobald ein junger Indianerknabe das Licht der Welt erblickt hatte, begab sich die Mutter mit dem Neugeborenen an den nächsten fliessenden Bach oder Süsswasser-See, um mit ihrem Kinde ein kaltes Bad zu nehmen. Meistens tat sie dies still für sich allein, zuweilen aber auch unter Mitwirkung von Freundinnen oder der Frauen des Dorfes. So bei den Payaguás des Chaco, wo sich die Weiber von der Geburtshütte bis zum nahen Wasserlauf mit ausgebreiteter Bekleidung in zwei Reihen so aufstellten, dass die junge Mutter geschützt vor dem Winde das kalte Bad erreichen und wieder verlassen konnte. Dieses Bad nach der Niederkunft war in weiten Gebieten Amerikas ein durch die Sitte verlangter unerlässlicher Akt. Er fand sich nicht nur bei Stämmen, die dem Wasser nahe standen und gute Schiffer waren, wie Tlinkits, Irokesen, Insel-Caraiben, bei Völkern des Isthmus, von Santa Marta, Venezuela und Guayana, bei den Tupi und Anwohnern des Paraguay, sondern auch bei solchen, in deren Leben und Wirken das Wasser nur eine geringe Rolle spielte. Die Apachen und einige Stämme in Nord-Mexico, Tapuya-Völker in Brasilien und die Bewohner der Hochflächen des Inkareiches waren nicht weniger freudige Anhänger des kalten Bades als die vorher genannten. Auch die meisten Stämme von Ober- und Nieder-Californien, sowie die Choctaws im Osten des Mississippi haben es als Wasserfahrer nicht weit gebracht und konnten auch z. T. nicht schwimmen, aber das Bad war auch ihnen eine liebe Gewohnheit. Als Grund für dieses Herkommen wird immer in erster Linie die Absicht genannt, das Neugeborene vom ersten Tage seines Lebens an abzuhärten und gegen die Einflüsse von Kälte und Wasser zu stählen. Die Richtigkeit dieses Grundes wird durch den hygienischen Erfolg des Verfahrens und durch die Tatsache bestätigt, dass man zuweilen bei kleinen Mädchen von dem kalten Bade als weniger erforderlich Abstand nahm. Hierneben lief jedoch zweifellos in sehr vielen Fällen ein tieferer, häufig vielleicht nur dunkel gefühlter Grund, der auf Aberglauben beruhte und das Bad des Neugeborenen als eine Art Weihe, als eine religiöse Zeremonie verlangte. Diese Auffassung äusserte sich manchmal in recht seltsamen Formen, so bei den Insel-Caraiben, wo alle erwachsenen männlichen Mitbewohner der Geburtshütte sofort aufstehen und ein Bad nehmen mussten, wenn die Entbindung bei Nacht eintrat; Grund: „damit das Neugeborene beim Baden nicht friert."

Besonders bei den in der Kultur verfeinerten Völkern Amerikas, bei den Inkaperuanern und Nahuas, trat das Religiöse und Zeremonielle bei dem Vorgang deutlich zutage. Bei letzteren wurde das entbundene Kind von der Hebeamme, einer Art Priesterin, sofort unter vorgeschriebenen Gebetformeln gebadet, während ein festlicher Weiheakt, von den Missionaren wegen seiner Ähnlichkeit mit dem christlichen Ritus gewöhnlich Taufe genannt, erst einige Tage später stattfand. Le Beau ist der einzige mir bekannte Gewährsmann, der von Verwendung von angewärmtem Wasser bei dem Bade des Neugeborenen spricht; aber Le Beau beobachtete einmal in einer Zeit, als viele Sitten schon verdorben waren, und ist zweitens keineswegs immer zuverlässig.

Die Indianer werden uns vielfach als höchst schmutzig geschildert, und in einem Sinne dieses Wortes waren sie es auch in der Tat: die Art, wie sie ihre Mahlzeiten zu sich nahmen und ihr eigenes sowie ihrer Nächsten Ungeziefer verzehrten, wie sie sich die Nase putzten, wie sie nach dem Essen ihre fettigen Finger an den Haaren, den Fusssohlen, am Gesäss oder noch anderen Körperteilen abwischten; wie sie ihre Notdurft befriedigten und sich ungeniert übelriechend gehen liessen, war häufig höchst ekelerregend und beleidigend für verfeinerte Gesichts- und Geruchsnerven. Die braven Missionare, die unter den Kindern der Wildnis lebten, haben häufig wehmütig über ihre Leiden in dieser Hinsicht geklagt. Zudem waren ihre Hütten fast immer schmutzig und voll von Ungeziefer, das sich natürlich auf die Haare und Bekleidung der Bewohner übertrug. Im übrigen aber hielt der Indianer für seine Person fast durchweg auf Reinlichkeit durch Waschen, Baden und Kämmen. Je mehr er seinem ursprünglichen Zustande näher war, d. h. je weniger er von der ihm häufig mit Gewalt aufgezwungenen europäischen Bekleidung trug, desto besser gelang ihm dies; denn diese Bekleidung war der Hauptsitz des Ungeziefers. Zwar erschien auch der nackte Indianer dem flüchtigen Beobachter als schmutzig: seine Haut war dick, rauh und sonnenverbrannt, zerkratzt und blutig durch die Dornen und scharfen Gräser der Wildnis; je nachdem er in feucht-sumpfiger oder trocken-sandiger Gegend lebte und jagte, sah er kotig oder bestaubt aus. Die bunte Bemalung mit öliger Farbe, zugleich seine Zier und sein Schutz gegen Witterung und Insektenstiche, sein Talisman gegen böse Geister, verwischte sich schnell und trug in Verbindung mit dem Körperschweiss dazu bei, dass Schlamm und Staub um so besser hafteten. Aber dieser Schmutz war nur für wenige Stunden: der Knabe und das Mädchen, die ihre Mutter sogleich nach der Geburt in kaltes Wasser getaucht hatte, hörten von nun an bis zu ihrem Lebensende oder schwerer Erkrankung nicht auf, täglich ein oder mehrere Male zu baden. Über ganz Amerika findet sich diese Sitte; weder Kälte noch Schnee und Eis hinderten den Indianer an ihrer pünktlichen Befolgung; höchstens dass er im Winter nur einmal täglich badete, was in den wärmeren Jahreszeiten mehrmals geschah. Jeden Morgen nach dem Aufstehen nahm der Caraibe ein kaltes Bad und im übrigen im Laufe des Tages jedesmal dann ein weiteres, wenn es die Umstände verlangten, wenn er durch Meerwasser oder Regen benetzt worden war, wenn er sich beschmutzt hatte oder nach anstrengender Arbeit, nach Ballspielen oder Wettlaufen, erhitzt war. Alle Morgen zogen die Weiber und Mädchen der Mandans auf den Badeplatz am Missouri hinaus, um sich in den frischen Fluten zu tummeln, während eine Postenkette bewaffneter Krieger von weitem für ihre Sicherheit wachte. Dieselben Mandans benutzten eine Art Ton als Seife, nördliche Athapasken verwendeten ein ähnliches Mittel, Tapuyas in Brasilien scheuerten sich mit Sand ab, während sich bei den Tupi sogar die Sitte des Mundspülens findet. Die eine Hälfte ihres Lebens, sagt Petrus Martyr, bringen sie auf dem Lande zu, die andere im Wasser.

Wie dem Baden der Neugeborenen, so lag auch diesen täglichen Waschungen bei Alt und Jung beiderlei Geschlechts über ganz Amerika in sehr vielen Fällen ein religiöser Sinn zugrunde oder war dunkel mit ihnen verknüpft. Bei den Stämmen der Nordwestküste war dies besonders ausgeprägt, die Cherokees hatten einen durchgebildeten Flusskult mit Baden als religiöse Zeremonie. Der Sprung ins kalte Wasser unmittelbar aus dem Dampfbade oder nach anstrengender schweisserzeugender Tätigkeit findet sich bei den meisten Stämmen Amerikas. Als gänzlich wasserscheu werden nur sehr wenige Indianerstämme bezeichnet; die nördlichen Athapasken waren es in erheblichem Umfange, obwohl sie fast immer Wasser zur Hand hatten. Im ganzen aber neigten die Indianer als Rasse in so hohem Grade zu Baden und Waschungen, dass Gumilla und Catlin hierin einen der Gründe gefunden haben, um sie mit den verlorenen zehn Stämmen Israels in Verbindung zu bringen. Sie unterschieden sich vorteilhaft von vielen Weissen und Mischlingen des heutigen Amerika, denen nicht durchweg eine grosse Wasserfreudigkeit nachgerühmt wird.

Völker, die gern und viel baden, werden naturgemäss auf gutes Schwimmen hohen Wert legen. Von der ersten Fahrt des Columbus an ist denn auch das Lob der erstaunlichen Schwimmfertigkeit der Amerikaner eine in fast allen Reisebeschreibungen wiederkehrende Erscheinung. Sie schwammen den Entdeckerschiffen entgegen und begleiteten in ihrer Einfalt die Abfahrenden schwimmend weite Strecken ins Meer hinaus; mit kleinen Kindern im Arm oder Pfeil und Bogen im Mund schwammen sie ebenso sicher und ausdauernd, wie sie eine gekenterte Canoa wieder flott machten oder Schiffbrüchige über weite Wasserstrecken hin retteten. Immer wieder werden sie in den Berichten mit Fischen, Krokodilen, Delphinen, Amphibien und Enten verglichen. „Die Wasserräuber des Tocantins," sagt P. Daniel, „werden von den Portugiesen Canoeiros genannt; man sollte sie besser Taucher heissen." Als sich die Expedition de Soto in Florida einer Ansiedlung näherte, sprang das ganze Dorf ins Wasser wie Ovids in Frösche verwandelte lykische Bauern. Durch Schwimmen unter Wasser entkamen sie fast immer den verfolgenden Booten der Europäer; mit eisernen Ketten schwer gefesselt stürzten sie sich während eines unbewachten Augenblicks in die See, nicht um zu ertrinken, wie die enttäuschten Spanier und Portugiesen meinten, sondern um wieder unter ihren Landsleuten aufzutauchen und rachedürstend Krieg gegen ihre Peiniger zu entfachen. Selbst Völker, die es kaum zu den Anfängen einer primitiven Schiffahrt gebracht haben, wie Tapuya in Süd-Amerika und Schlangen-Indianer in den Rocky Mountains, waren vortreffliche Schwimmer.

Es liegt nahe, dass angesichts so erstaunlicher Leistungen die Berichterstatter hie und da geneigt waren zu übertreiben. Eine Strecke von 3 km zu durchschwimmen, war ganz gewöhnlich, rund 10 km und ein halber Tag im Wasser sind gut beglaubigt; aber „einen Tag und eine Nacht zu schwimmen", wie es für die Tupí versichert wird, dürfte selbst im warmen Wasser der Tropen ohne Hilfsmittel zum Ausruhen kaum denkbar sein. Noch schlimmer steht es in dieser Hinsicht mit dem Tauchen; fast unglaubliche Beispiele für die Fähigkeit der Indianer, lange unter Wasser zu sein, sind von einwandfreien Zeugen überliefert worden, andere aber richten sich selbst. So sollen nach einem alten ungenauen Auszuge aus Soares de Souza die Tupanambá 3 bis 4 Stunden unter Wasser bleiben können; der wackere Barlaeus berichtet genau dasselbe.

Die spanische Perlen-Fischerei in Amerika hat die Taucherfertigkeit der Indianer gründlich ausgenutzt.

Merkwürdig selten sind brauchbare Angaben über die Technik des Schwimmens; nur für die New England-Indianer, die Stämme der westlichen Prärien und Plains, für die Thompson-Indianer, die Zoreisch in California und für die Anwohner des unteren Colorado, für Botokuden in Brasilien, Küstenbewohner von Peru und Araukaner liegen mir solche vor. Da diese alle in ganz gleicher oder sehr ähnlicher Weise schwimmen und keine Ausnahme verzeichnet ist, so nehme ich an, dass die Masse der übrigen Indianer dieselbe Technik hatte.

Hiernach schwammen die Eingeborenen Amerikas nicht nach unserer Art durch gleichzeitiges Teilen der Arme und Druck nach unten, sondern etwa in der Weise, wie es ein edler Wasserhund tut. Sie warfen die Arme abwechselnd einzeln weit nach vorn und hoben und schoben sich durch Druck nach unten und hinten, wobei sich die gewandten Schwimmer jedesmal auf die betreffende Seite legten, um lang ausholen zu können und die Widerstands- und Reibungsfläche zu vermindern. Die Beine arbeiteten dabei durch Froschstösse gleichzeitig, oder aber einzeln nacheinander im Verhältnis zur Bewegung der Arme. Diese Art wird ja auch bei uns durch gute Schwimmer leicht gelernt und kann in Badeanstalten jederzeit beobachtet werden. Merkwürdig ist die Angabe des vorzüglichen Gewährsmannes Sproat, die im Gegensatz zu allen mir sonst bekannt gewordenen Berichten steht, dass nämlich die Indianer der Gegenden um Vancouver zwar gut schwammen, aber nicht so schnell und leicht wie Europäer, und dass sie im Wasser schwerer arbeiteten. Weit verbreitet war offenbar die Kunst des Wassertretens. In allen den Fällen, wo sie im Wasser schwimmend und kämpfend von Bogen und Pfeil Gebrauch machten, können sie sich auf keine andere Weise gehalten haben. Besonders die Insel-Caraiben waren ganz gefährliche Wasserkämpfer; schon auf Columbus' zweiter Reise trat dies zu Tage. Einzelheiten aus einem Seegefecht, dem der Missionar du Tertre als Augenzeuge beiwohnte, sind ganz besonders kennzeichnend für die seetüchtigen Eigenschaften dieser Piraten. Als ein alter Häuptling einen Pistolenschuss in die Seite und durch den ganzen Körper hindurch erhalten hatte, sprang er mit Bogen und Pfeilen in die See und kämpfte von hier aus gegen die Franzosen weiter: „So schwer dieser alte Häuptling auch verwundet war, so wendete er sich doch sogleich gegen uns, indem er sich wie ein Triton mit dem Oberkörper aus dem Wasser erhob; er hatte zwei Pfeile auf die Sehne seines Bogens gelegt, schoss sie in unser Boot hinein und verschwand in demselben Augenblick wieder unter dem Wasser. Unverzagt wiederholte er fünfmal denselben Angriff, bis ihm die Kräfte versagten, aber nicht der Mut; wir sahen ihn untertauchen und für immer verschwinden". „Zu Beginn des Gefechts," sagt P. du Tertre weiterhin, „sah ich einen kleinen Indianer im Wasser, der nicht mehr als zwei Jahre alt sein konnte; er schwamm brav mit seinen kleinen Armen, aber es war unmöglich, ihn zu retten". Dieses Gefecht fand auf hoher See bei der Insel St. Christopher statt. Ein grosser Teil der Besatzung einer genommenen Kriegs-Piragua rettete sich schwimmend nach der Insel Redonda, wobei einige bis zum Abend, andere sogar bis zum nächsten Morgen im Wasser waren. Viele von ihnen waren verwundet, darunter ein altes Weib mit je einem Lanzenstich im Hals und in der Brust; auch sie entkam.

Die gleiche Unverzagtheit zeigten die Indianer im Kampf mit den Tieren des Wassers. Nicht nur dass sie aus den eiskalten Tiefen der Magalhães-Strasse und der Nordwestküste Austern, Seeottern und schwere Störe herausholten oder in den milderen Gewässern der Äquinoktial-Gegenden nach Schildkröten tauchten und sich mit riesigen Katzenfischen herumschlugen, sondern sie griffen den Alligator und Walfisch mit der blanken Waffe in ihrem Element an. Die Colapissa am unteren Mississippi gingen den Alligatoren mit langen Hartholz-Dolchen zu Leibe, die Indianer Floridas griffen in den flachen Küstengewässern die damals noch zahlreichen Wale mit Speeren und Harpunen an, und wenn man P. Daniel glauben will, dann griffen Tapuya-Stämme, die er Iranambés und Barbados nennt, die Haifische mit dem „Zarguncho" erfolgreich im Meere an.

Erwähnt sein mögen noch die Wasserspiele, mit denen Tupí die nahenden Missionare zum Empfang begrüssten, sowie die Wasserpost, die Alexander von Humboldt gesehen und beschrieben hat.

Als Nichtschwimmer werden genannt: die Choctaws, die athapaskischen Kutchin, die von jedem grösseren Wasserlauf durch die feindlichen Azteken abgeschnittenen Tlaxcalteken, die im Inneren wohnenden Stämme der Halbinsel Californien, der Tapuya-Stamm der

Aimorés und die Yahgans der Magalhães-Strasse. Bei letzteren konnten nur die Männer nicht schwimmen, während die Frauen vorzügliche Taucher waren. „Wenn wir versuchen würden zu schwimmen," sagten allen Ernstes diese Herren der Schöpfung, „dann würden wir zweifellos untergehen, denn wir haben nicht die fetten Brüste unserer Frauen, welche ihnen als Schwimmblasen dienen." Prinz Wied hat geglaubt, das Nichtschwimmen der Aimorés bestreiten zu müssen, weil nach seiner Ansicht ganz naturgemäss jedes primitive Volk schwimmen wird, sobald es überhaupt nur Gelegenheit hat. Aber einmal kann man doch einen so guten Gewährsmann wie Soares de Souza nicht einfach beiseite schieben, und dann liefern die Choctaws, die Kutchin und die Yahgan-Männer von sehr verschiedenen Stellen des Kontinents ganz ähnliche oder gleiche Fälle. Die Kutchin waren vortreffliche Fischer und Bootleute, während allerdings die Choctaws erst im 18. Jahrhundert nur zögernd zum erstenmal aufs Wasser gegangen sein sollen. Aber an Gelegenheit fehlte es ihnen wahrlich nicht; sie wohnten in der Mitte und dem Süden des heutigen Staates Mississippi und hatten dort Wasser genug. Eine Erklärung für diese Ausnahmen zu geben ist mir nicht möglich, denn im allgemeinen ist der Satz des Prinzen Wied offenbar richtig: die des Schwimmens unkundigen Binnenbewohner von Unter-Californien liefern einen guten Beweis dafür, denn sie werden in unmittelbaren Gegensatz zu den Küstenbewohnern gestellt, die ausgezeichnete Schwimmer und Taucher waren.

Um zu einer richtigen Einschätzung der Leistungen der Indianer im feuchten Element zu gelangen, darf nicht vergessen werden, die Natur ihrer Gewässer zu berücksichtigen, die in den tropischen und subtropischen Gegenden Amerikas voll von schädlichen und gefährlichen Tieren sind. Der Stachelrochen, dessen giftige Schwanzspitze von den Indianern mit Vorliebe zur Armierung ihrer Pfeile benutzt wurde, lag unsichtbar verborgen im Sande und versetzte jedem eine lebensgefährliche Wunde, der ihn berührte. Seine Häufigkeit in manchen Gegenden zwang die Indianer, beim Durchschreiten von Gewässern immer vorher mit einem Stock zu sondieren.

Zitteraale und Zitterrochen, von den Spaniern und Portugiesen unter den Namen tembladores und tremelgas zusammengefasst, teilten elektrische Schläge aus, die einen Mann derart betäuben konnten, dass er ertrank. Richard Schomburgk fing einen gymnotus electricus von 2,13 m Länge und 45 cm Stärke; er sprach seine Überzeugung aus, dass sein Schlag den stärksten Ochsen töten würde.

Weit mehr gefürchtet aber als diese waren verschiedene Piraya-Arten, die blutdürstigsten Fische der Tropen. Die Spanier der Chaco- und La Plata-Gegenden nannten sie palometa, am Orinoco und in benachbarten Gegenden waren sie als guacaritos oder caribes bekannt. Die Portugiesen nannten sie piranha oder thezoura. Die Aruaks huma, die Caraiben piraï; letzterer Name ist in den Guayanas der geläufigste. Ihre haarscharfen und dauerhaften Gebisse verwendeten viele Indianerstämme zur Verfertigung ihrer Palometa- oder Piranha-Messer, die an Schneidefähigkeit Stahlmessern kaum nachstanden. Die gefährlichsten der Pygocentrus-Arten waren so gefrässig und rücksichtslos, dass sie beim geringstem Blutgeruch im Wasser aus beträchtlichen Entfernungen von allen Seiten herbeischnellten und das erste beste lebende Opfer überfielen und zerfleischten. Besonders vorstehende Körperteile waren ihren Bissen ausgesetzt: Finger und Zehen wurden glatt abgeschnappt, Männer entmannt, Weiber ihrer Brüste beraubt und häufig Personen so zugerichtet, dass sie bald darauf starben.

Die Gefährlichkeit des Alligator oder Caiman ist hie und da bestritten worden, wenn auch nicht so häufig wie die des Jaguar, der, wie wir später sehen werden, zwar nicht den Badenden, wohl aber den Schiffern im primitiven Amerika gefährlich werden konnte. In beiden Fällen hat diese verschiedene Abschätzung gleiche Gründe: wurden Alligator und Jaguar stark verfolgt, war also ihre Zahl verhältnismässig gering und Nahrung für sie reichlich vorhanden, dann waren sie dem Menschen ungefährlich; im entgegengesetzten Falle waren sie sehr zu fürchtende Feinde, ganz besonders der Alligator im Wasser. Gewisse Cnidaria-Arten, Quallen mit Nesselorganen, von den Franzosen écume de mer genannt, waren für die Insel-Caraiben höchst lästige Meeresbewohner. Die Haifische vervollständigen diese Gruppe der Schädlinge des Wassers.

Untersuchungen oder Äusserungen darüber, ob die Indianer unter der sogenannten Seekrankheit zu leiden hatten, fehlen so gut wie ganz. Es scheint fast so, als wenn sie dieser weit verbreiteten menschlichen Schwäche wenig unterworfen waren. Zwar wissen wir, dass viele der Unglücklichen, die von Columbus und seinen Nachfolgern nach Spanien entführt wurden, während der Reise starben, ebenso wie sie in diesem Lande selbst und überall dort massenhaft hinsanken, wo sie fern der Heimat, unter ungewohnten Verhältnissen und in Knechtschaft waren. Aber, dass Seekrankheit hierzu mitgewirkt hätte, wird, so weit ich sehe nirgends erwähnt. Sie begleiteten die Conquistadoren und später die

Flibustier als Piloten und Dolmetscher auf ihren stürmischen Fahrten, und man sollte meinen, es doch einmal erwähnt zu finden, wenn die Indianer dieser Schwäche unterworfen gewesen wären. Nur Sir Joseph Banks, der vortreffliche Beobachter, sagt von den Ona auf Feuerland, dass man zwar von irgend welcher Schiffahrt bei ihnen nichts bemerken konnte, dass sie aber an Bord der englischen Schiffe nicht von der Seekrankheit ergriffen wurden.

Aus dem Vorstehenden wird sich ergeben haben, dass die körperlich kräftigen und im Wasser forschen Indianer von Natur aus fast durchweg zu Seeleuten sehr gut geeignet waren. Dazu kommt eine Eigenschaft, deren Besitz von hoher Bedeutung für den Seemann ist und die einen weit grösseren Wert in den Zeiten beginnender Schiffahrt hatte als in unseren Tagen.

Die Fähigkeit des Indianers, sich in jedem Gelände zurecht zu finden, alle jene Eigenschaften, die im englisch sprechenden Amerika unter dem Worte „woodcraft" zusammengefasst werden, und die der „Baqueano" von den roten Kindern der Wildnis geerbt oder übernommen hat, sind zu wohl bekannt, als dass sie hier einer weiteren Erörterung bedürften. Wohl kein grösseres Buch über das primitive Leben des Indianers, das nicht den einen oder anderen Beitrag zu diesem Thema brächte. General Dodge sagt, dass er nur einen einzigen Fall kenne, wo sich ein Indianer verirrt habe, und, fügt er hinzu, in diesem Falle hat jene „verirrte" Rothaut wahrscheinlich eine grosse Lügengeschichte erfunden und erzählt, um eine in der Zwischenzeit versuchte, aber missglückte Räuberei zu verdecken. Der Indianer reiste nach den Himmelsrichtungen, Gestirnen, Vegetations- und Landmarken, gewöhnlich schnurgerade wie der Flug der Biene. „La Pampa", hat Domingo Sarmiento gesagt, „es la imájen del mar en la tierra", sie ist „das Ebenbild des Meeres auf dem Lande", und gerade hier, auf den Pampas, Savannen, Prärieen und Plains, zeigte sich die Orientierungskunst des Indianers in der Vollendung. Die ersten Europäer, die je die grossen Plains betraten, die Gefährten Coronados, fühlten sich völlig verloren auf diesen endlosen Flächen; viele von ihnen verirrten sich tatsächlich. Nicht einmal die Arrière-Garde vermochte dem breitgetretenen Pfade des Haupttrupps zu folgen, da das kurze, trockene Gras sich so schnell wieder aufrichtete. Man errichtete daher Haufen von Bison-Knochen und Dung als Wegweiser, um den Zusammenhang nicht zu verlieren. Der Vergleich mit dem Meere findet sich in fast allen Berichten: „una tierra llana como la mar", „estos llanos, que son como quien anda por la mar". Die Indianer aber führten mit der grössten Sicherheit und Leichtigkeit. Die Teyas hatten zudem ein Verfahren, das einem primitiven Topographen Ehre machen würde. Morgens beobachteten sie den Stand der Sonne und stellten die Marschrichtung für den Tag fest; in dieser Richtung schossen sie dann drei Pfeile so ab, dass beim Vormarsch immer der dritte über die zwei liegenden nach vorn hinausflog; so war eine gerade Linie gesichert. Dies Verfahren wendeten sie offenbar nur dann an, wenn absolut keine Landmarken im Gelände vorhanden waren. Die California-Indianer besassen eine sehr genaue Kenntnis der Himmelsrichtungen und übten sich hierin bei jeder Gelegenheit. Zurufe während des Spiels beim Suchen des Balles: „Nach Osten!", „Etwas nördlich!", „nun 3 Schritte nordwest!" und ähnliches waren gang und gäbe. Der Indianer, der nicht nur im Gebiet seines eigenen Stammes, sondern auch in Nachbarländern viel herumkam und häufig weite Reisen machte, hatte eine wunderbare Fähigkeit, sich das ein einzigesmal Gesehene einzuprägen und sich in seinem Kopfe ein zutreffendes Gesamtbild grosser geographischer Räume zu machen. Zu der oft gerühmten Kenntnis der Nahua-Kaufleute, welche Mittel-Amerika bis nach Honduras, Nicaragua und Costa Rica hinein kannten, bildet das geographische Wissen der Algonquins am unteren St. Lawrence keine schlechte Parallele. Die riesigen Gebiete der grossen kanadischen Seen waren ihnen geläufig, sie kannten den südlichen Handelsweg, der über Oswego zur Chesapeake-Bai führte, und hatten eine dunkle Ahnung von einem grossen Fluss des Westens. Die Existenz des Mississippi hinwiederum war im Pueblo Pecos bekannt. Die Jugend erhielt Unterricht von den Alten in praktischer Landeskunde, die sich keineswegs auf die lokale Ortskenntnis beschränkte, und wenn einzelne Stämme über bestimmte Grenzen nicht hinauskamen und sich einen engen geographischen Horizont bewahrten, so hatte dies gewöhnlich besondere politische oder verkehrsgeographische Gründe. Auch sind Angaben in dieser Hinsicht nicht immer einwandfrei. Entlang der Westküste von Süd-Amerika, etwa von den Islas de las Perlas nach Süden, vollzog sich ein lebhafter Seehandel, besonders in Salz und Fischen. Andagoya erzählt, dass durch diesen Verkehr die Kaufleute auf der Westseite von Darien eine geographische Kenntnis der ganzen Westküste von Süd-Amerika bis etwa zur Breite von Cuzco hinab besassen. Sollte man da nicht wirklich meinen, die beiden Halbkulturvölker der Neuen Welt müssten eine, wenn auch vielleicht nur dunkle gegenseitige

Kenntnis von ihrer Existenz gehabt haben? Oder hat die nur schmale und nicht hohe, aber wüste Gebirgskette, die zuerst Balboa überschritt, die Grenze ihres geographischen Wissens dargestellt?

Einen Niederschlag dieser Fähigkeit haben wir in den geographischen Karten der Indianer; eine sehr erhebliche Zahl von ihnen ist uns durch Bild oder gute Beschreibung erhalten. Sie zeichneten in Sand oder Asche, auf Rinde, Holz, Leder, Papier, mit dem Finger oder einem Stock, mit Holzkohle oder Bärentalg. Die Nahua fertigten farbige Karten an, die Inkaperuaner Reliefkarten aus Ton, kleinen Steinen und Stöckchen. Meistens waren diese Karten Itinerare, in denen besonders die Wasserwege, Flüsse und Seen mit ihren Trageplätzen auftraten; ganze und halbe Tagemärsche wurden eingetragen, Furten oder Wasserplätze verzeichnet. Die Nahuas und Inkaperuaner hatten auch Katasterkarten und bis ins einzelne gehende Stadtpläne.

Am bekanntesten sind wohl die Karten der Nahuas geworden; Cortés, Bernal Diaz, Gomara, haben ganz besonders von ihnen erzählt. Einige Exemplare kamen bald nach der Conquista nach Spanien, wo sie Petrus Martyr sehen und prüfen konnte; er hat uns von ihnen eine ebenso begeisterte Beschreibung hinterlassen wie später Barros von seiner chinesischen Karte der Grossen Mauer. Das Kartenwesen war weit verbreitet unter den Nahua-Völkern: bei den Tarascos in Michuacán mussten die Patrouillen gegen den Feind über den Erfolg ihrer Erkundung durch eine Art von Meldekarte mit Kartenskizze berichten. Cortés ist mit Hilfe einheimischer Karten und seiner berühmten aguja de marear durch Tabasco, Chiapas und Vera Paz bis nach Honduras durchgedrungen, konnte unterwegs, auf den Grenzen von Chiapas und Vera Paz, sein Karten-Material vervollständigen und rückte so mit einem Heere durch ein weites, wüstes Gebiet, dessen Bezwingung noch heutzutage einem einzelnen Forscher Ehre macht. Die Chibchas sollen das Anfertigen von Karten nicht verstanden haben.

Unter den niedriger stehenden Stämmen scheinen in Nord-Amerika die Algonquins die besten Kartenzeichner gewesen zu sein, unter ihnen wieder die Montagnais, Micmacs und Chippeways; überhaupt sind die meisten und achtbarsten kartographischen Leistungen da zu verzeichnen, wo das meiste Wasser ist, bei den Irokesen, Algonquins und Sioux von Virginia und den Carolinas, in den Ländern der Hudsons-Bai-Compagnie und an der Nordwestküste. Aber auch die Prärieen, die trockenen Plains und die Durststrecken von New Mexico und Arizona sind nicht ohne Kartenzeichner: Dakota, Pawnee, Comanche, Pai-Ute und Zuñi mögen erwähnt sein. Alarcón, Champlain, Lawson, Mackenzie, Petitot wurden durch gute Karten der Eingeborenen ganz wesentlich bei ihren Entdeckungen gefördert. Indianer von New Hampshire lieferten Champlain eine gute Karte der Massachusetts-Bai, Maine-Indianer in den Tagen Gosnolds und Micmacs einer späteren Zeit verstanden es, die Küsten von New Foundland und Nova Scotia mit allen ihren vielen Buchten zu zeichnen, während Sir John Franklin von nördlichen Athapasken eine gute Küsten-Skizze erhielt. Genannt sein mögen noch die „letter-maps", Rindenstücke mit Bilderschrift und Kartenskizzen, die man als Wegweiser für Nachfolgende oder Stammesangehörige an leicht erkennbaren Orten zurückliess. In Ratsversammlungen vor Kriegszügen oder gemeinsamen grossen Jagden wurden häufig Karten herbeigebracht oder hergestellt, um an ihrer Hand Anordnungen zu treffen.

Aus Süd-Amerika sind die Nachrichten über Kartenzeichnen weit weniger zahlreich, jedoch ist diese Tatsache wohl mehr einem Zufall als minderer Beanlagung jener Eingeborenen gutzuschreiben; ihre Fähigkeit in dieser Richtung mag weniger zutage getreten sein, ihre Kunstprodukte mögen von den alten Berichterstattern weniger beobachtet, gewürdigt und beschrieben worden sein. Jedenfalls wissen wir, dass Tupí und Tapuya in Brasilien, sowie Tehuelchen in Patagonien recht genaue Karten zu zeichnen verstanden.

Der gestirnte Himmel war den Indianern Amerikas bei ihren Wanderungen, Reisen und Kriegszügen der beste Wegweiser, war ihre Uhr. Die Natur des Polarsternes war den Stämmen der nördlichen Halbkugel wohlbekannt. „Der Stern, welcher stillsteht", so nannten ihn die Irokesen und die Völker des Missouri-Tales. Wie das südliche Kreuz den Indianern Süd-Amerikas, ihren mischfarbenen und weissen Erben als Uhr dient, hat wohl niemand schöner beschrieben als Alexander von Humboldt, wenn er an die rührende Szene in Bernardin de Saint-Pierre's „Paul et Virginie" erinnert und an die oft gehörten Worte seiner Führer in den Wildnissen des Orinoco: „Mitternacht ist vorüber, das Kreuz fängt an sich zu neigen."

Im Norden wie im Süden waren die Plejaden vielleicht die bekannteste Sterngruppe; in der Zeitrechnung und im Kult, in Sagen und Überlieferungen spielten sie eine wichtige Rolle. Morgen und Abendstern, Grosser Bär, Kassiopeia, Perseus, Fuhrmann, Krone, Aldebarán gehörten zu den bekanntesten Gestirnen und Sternbildern im Norden. Die von den Irokesen „Lomme" genannte Konstellation scheint unsere

"Leier" zu sein. Die Sterne α bis δ unseres „Grossen Bären" stellten für die Irokesen einen Bären dar, welcher von den drei Jägern verfolgt wurde; der kleine Reiter aber über ζ stellte den Kochkessel der drei Jäger vor, welchen dieser mittelste Mann für sich und seine Genossen zu tragen hatte.

Die Pawnees der grossen Plains hatten einen ausgebildeten Sternkult: eine auf Bisonhaut gemalte Himmelskarte, die zu einem beim Morgensternfeste verwendeten Zeremonial-Apparat gehörte, befindet sich im Museum zu Chicago. Die Mayas kannten vielleicht sogar die Umlaufszeiten einiger Planeten. Schon ein oberflächliches Studium von Bretons vorzüglichem Caraiben-Lexikon zeigt, wie gute Beobachter des gestirnten Himmels die Insel-Caraiben gewesen sein müssen; du Tertre bestätigt diesen Eindruck. Ihre Vettern in Guayana, die Galibi, scheinen ihnen in dieser Hinsicht nicht nachgestanden zu haben, wie denn auch die Caraiben am Xingú und Nachbarstämme gute Sternbeobachter waren. Die Tupinambá, sagt Yves d'Évreux, kennen alle Sterne; ähnlich scheint es sich bei den meisten Stämmen Süd-Amerikas verhalten zu haben. Sie kannten die obengenannten Sternbilder, soweit sie ihnen sichtbar wurden, dazu Orion, Skorpion, Centaur, Magalhanische Wolken. Die Milchstrasse war überall bekannt.

Die Schiffstypen.

Für die Schiffahrt in ihren Uranfängen bietet die Völkerkunde Amerikas eine gute Zahl von Beispielen. Hatten die Mojaves am unteren Colorado kein Material zur Stelle, um ihr übliches Fahrzeug, ein Binsen-Floss, herzustellen, dann warfen sie den ersten besten Ast oder Baum ins Wasser, um mit seiner Hilfe ihre Personen und ihre Habe über den Strom zu bringen. Ebenso machten es in augenblicklicher Ermangelung ihrer Boote die Indianer auf dem Isthmus und die Maynas-Stämme am oberen Amazonas und an seinen Nebengewässern. Haben sie kein Boot oder Floss zur Verfügung, sagt P. Daniel, so genügt ihnen jedes beliebige Stück Holz, um sich mit Kind und Kegel einzuschiffen und den Amazonas mit Sicherheit zu befahren, höchstens zuweilen von einem Alligator angegriffen. Ein Bündel Blattstiele von der Buriti-Palme, das sie an ihrem Leibe befestigen, genügte den sogenannten Canoeiros des Tocantins, um mit ihrer Hilfe in stärkster Strömung stundenlang auf dem Wasser zu treiben. Man hat gesehen, wie diese Wassermenschen sich mit einem Ast ins Wasser stürzten, einen dahertreibenden Baumstamm ergriffen und auf ihm reitend, mit dem Knüppel als Pagaje, dieses Fahrzeug mit ungeahnter Schnelligkeit über den reissenden Strom trieben. Stämme der Mataco-Mataguayo-Gruppe besassen überhaupt kein anderes Gefährt als ein solches improvisiertes; die Kräftigen und Gesunden hingen sich daran, das Gepäck wurde hinaufgetan, kleine Kinder sassen auf den Köpfen ihrer Mütter, Kranke und Schwache erhielten Unterstützung, und so zog der ganze Stamm über die breitesten Flüsse. In Manta, Perú, benutzten die Fischer einfache Balken beim Auswerfen ihrer Strand-Schleppnetze. Der mit Rindenzeug spärlich bekleidete Yuracare-Indianer wirft einen leicht schwimmenden Balken in den schäumenden Chimoré und eilt auf diesem „caballito" unverzagt über die Fluten des Stroms. Die Moxos haben denselben Ausdruck für „schwimmen mit Hilfe eines Stückes Holz oder einer Kalabassa" und für „fahren auf einem Floss"; bei manchen anderen Stämmen liegt sicherlich ein ähnliches Verhältnis vor.

Ehe an die Untersuchung der Schiffstypen herangegangen wird, müssen noch einige allgemeine Bemerkungen über die zur Verfügung stehenden Quellen vorausgeschickt werden. Es ist klar, dass angesichts der zum Teil sehr schnellen und gründlichen Veränderungen, die der Einbruch der Europäer unter den Indianern Amerikas hervorrief, den ältesten Berichten der höchste Wert zukommt. Bessere Erkenntnis, ein erweiterter Gesichtskreis, eine tiefere Weltanschauung spiegeln sich in den Schriften späterer Zeiten wieder und stempeln sie zu höherstehenden kulturhistorischen und ethnographischen Arbeiten, aber es vermag ihnen dies nicht den grossen Vorsprung zu ersetzen, den die ältesten Nachrichten dadurch haben, dass sie die Völker Amerikas in ihrer unverfälschten Ursprünglichkeit schildern. Für manche Probleme, z. B. die Kenntnis des präkolumbischen Segels, sind sie allein benutzbar.

Es ist natürlich, dass gleichaltrige Quellen für ethnologische Untersuchungen nach verschiedenen Richtungen hin von ungleichem Wert sein werden, je nach der Stellung und den besonderen Interessen des Berichterstatters. Für eine Untersuchung über die Schiffahrt stehen daher Angaben der Seeleute dem Wert nach in erster Linie, aber die der Soldaten treten in unserem Falle kaum an Bedeutung gegen sie zurück; ohne sie würde die Geschichte der primitiven Schiffahrt Amerikas die allergrössten Lücken aufweisen. Weit weniger nutzbringend sind die Berichte der alten Geistlichen und Missionare¹; die Schiffahrt interessierte sie offenbar wenig, sie widmeten sich Untersuchungsgebieten, die ihnen näher lagen. Vergeblich suchen wir bei Román Pane, Juan Diaz, Sahagún, Carvajal, um nur ein paar Namen

¹ Ich sage dies, obwohl ich fürchten muss, wieder den Zorn meines Kritikers im „Anthropos" (II, 340 341) herauszufordern. Ich muss gestehen, dass ich derartige Angriffe von dieser Seite nicht erwartet hatte. Ich habe nicht nur mehrfach in meinen Schriften die hohen Verdienste der katholischen Missionare ganz besonders hervorgehoben und sie gegen nicht gerechte Urteile verteidigt („Indianer und Anglo-Amerikaner", S. 143 144; „Globus", Bd. XC, No. 17), sondern ich habe noch vor wenigen Monaten ganz dieselben oder geistesverwandte Namen als Muster ethnographischer Forschung hingestellt („Globus", Bd. XC, No. 1-), die mir jetzt jener Herr im „Anthropos" zu meiner Belehrung vorführen zu müssen glaubt. Wenn ich solche Feststellungen mache, dann erhalte ich in der katholischen Presse einen öffentlichen Lobstrich, um den ich mich nicht bemüht habe (Kölnische Volkszeitung), wenn ich aber derselben ehrlichen Überzeugung entsprechend Aus-stellungen mache, dann fällt mich der Amerikanist des „Anthropos" an. Warum tritt jener Kritiker nicht auch für die Offiziere und Soldaten ein, gegen die ich doch dieselben Einwürfe gemacht habe, wie gegen die Geistlichen? Hat die ältere katholische Mission in Amerika — denn nur von den älteren Berichten war die Rede — bessere Namen aufzuweisen, als Cortés, Diaz del Castillo, Oviedo, Cieza de León, Cabeza de Vaca, Hans Stade, Soares de Souza und viele andere mehr? Wenn ich gegen Männer dieser Art etwas sage, dann verliert der Amerikanist des „Anthropos" kein Wort, wenn ich aber gegen katholische Missionare Einwendungen erhebe, die gar kein Tadel sind, dann bin ich „ein Neuling in der Amerikanistik, mit wunderbarer Spezialisten-Einseitigkeit". Verlangt jener Herr einen anderen kritischen Massstab für die Geistlichen, als für die Offiziere, Beamten und Gelehrten? Das dürfte wenig im Sinne jener wundervollen Missionare sein, deren Arbeiten zu den Zierden der ethnographischen Literatur gehören. Ist es ihm denn gar nicht zum Bewusstsein gekommen, dass er durch die einleitenden Sätze seiner Kritik einen geradezu klassischen Beweis für meine ihn so kränkende Behauptung beibringt, dass die Geistlichen im allgemeinen keinen Sinn für kriegerische Dinge haben? Was würde mein Kritiker wohl sagen, wenn ich die Besprechung einer seiner Arbeiten mit dem Worte „von dem berühmten Fleisse, der einer besseren Sache würdig gewesen wäre" beginnen würde, um dann mit einem gewissen Wohlwollen begütigend hinzuzufügen: „allerdings ist es schliesslich doch wieder erklärlich, er ist nur im Nebenamt Ethnologe, im übrigen ist er katholischer Priester"? Ganz genau so behandelt er mich. Nicht ein Wort von dem, was ich gesagt habe, nehme ich zurück, sei es zum Lobe, sei es zum Tadel. Gerade weil ich die Berichte der alten Geistlichen kenne und für sie eingetreten bin, wo sich Gelegenheit bot, darf ich mir solch ein Wort erlauben.

Im übrigen überlasse ich es vertrauensvoll den Fachgenossen, sich ein Urteil darüber zu bilden, wer durch jene Besprechung im „Anthropos" als „Neuling in der Amerikanistik kompromittiert" worden ist.

zu nennen, nach den Aufklärungen, die wir schmerzlich vermissen und die zu geben sie in der Lage gewesen wären. Nur da, wo sie aus den Aufzeichnungen und Erzählungen von Seeleuten schöpfen konnten, wie Las Casas und Bernáldez, haben auch sie für unsere Untersuchung das grösste Verdienst. Ganz anders gestaltet sich die Sachlage in späteren Jahrhunderten: Die Soldaten sind aus der Reihe der für uns wichtigen Quellen so gut wie verschwunden, die Seeleute wiederholen vielfach nur, was ihre Vorgänger schon gesagt haben, aber die Missionare verbreiten eine Fülle neuer Kenntnisse, besonders durch ihre linguistischen Arbeiten.

Die Balsa.

Amerika ist ein ausgezeichnetes Feld für das Studium der verschiedenen Arten von Flössen; in mannigfachen Formen und unter wechselnden Namen sind sie dort verbreitet gewesen und zum grossen Teil noch heute vorhanden.

Nach Kardinal Saraiva stammt das Wort „balsa" aus dem Griechischen, nach Caldas Aulete aus dem Baskischen, nach Du Cange aus dem Spanischen. Rafinesque hat es aus der Sprache von Haiti und Cuba hergeleitet; Bachiller y Morales und Arístides Rojas machen diese Auffassung zu der ihrigen. Aber alle drei sind keine Autoritäten auf dem Gebiete der Sprachen-Etymologie. Aus dem Caraibischen stammt das Wort sicherlich nicht.

Der Ausdruck „piperi" stammt nach Léry aus der Sprache der Tupí; auf den französischen Antillen hat man ihn dann auf die kleinen Fischer-Flösse der Caraiben übertragen, an denen er hängen geblieben ist. Im portugiesischen Amerika ist „jangada" die geläufigste Form für ein Floss, daneben auch balsa; die französischen Kanadier nennen es ein „cajot".

Eine Etymologie dieser Worte zu versuchen, oder bereits aufgestellte zu untersuchen, kann nicht Aufgabe dieser Arbeit sein. Ein solches Unternehmen erfordert tiefe und weitumfassende linguistische Kenntnisse und ist um so schwieriger, weil im Zeitalter der Entdeckungen von Anfang an Worte aus den Sprachschätzen des neugefundenen Orients nach Amerika hinübergebracht wurden. Findet man doch zuweilen das Wort „catamarão", das noch heute von Ceylon bis Formosa gang und gäbe ist, in alten amerikanischen Reisebeschreibungen. Diese Worte des Orients sind aber wiederum selbst nicht einmal rein, denn arabische und malayische Spracheinflüsse haben sich hier gekreuzt. Besonders bei Ausdrücken der Schiffersprache liegt stets ein solcher Verdacht vor.

Die am meisten verbreitete und überall verstandene Bezeichnung für ein Floss jeder Art war über ganz Amerika das Wort balsa (spr. Walssa). Die Spanier wendeten es nicht nur da an, wo Flösse bei den Eingeborenen vorhanden waren, sondern auch dort, wo sie die Entdecker bei Flussübergängen und ähnlichen Gelegenheiten improvisierten, während die Indianer solche Fahrzeuge gar nicht besassen. Von den verschiedenen Flussnamen mit dieser Zusammensetzung ist der Rio de las Balsas in Mexico am bekanntesten; auch der Amazonas hat zeit- und streckenweise diesen Namen geführt. Das Wort Balsa soll daher auch in dieser Abhandlung die Bezeichnung für das amerikanische Floss sein.

Die Balsas Amerikas waren nach Form, Material und Herstellung sehr verschieden von einander; will man sie einteilen, so ergeben sich die folgenden Gruppen, zwischen denen aber nicht immer eine reinliche Scheidung besteht: Binsen-Balsas, Kalabassen-Balsas, Tierhaut-Balsas, Balken-Balsas, Bambus-Balsas, und schliesslich eine Gruppe, deren einzelne Unterarten sich teils an eine oder mehrere der vorgenannten anlehnen, teils nicht wichtig und häufig genug sind, um eine besondere Abteilung zu bilden: sie alle zeigen keine charakteristische Form, sondern werden für den augenblicklichen Gebrauch aus dem Material hergestellt, das gerade zur Hand ist, und werden daher vielleicht Gelegenheits-Balsas genannt werden können.

Wohl die interessanteste dieser Gruppen stellen die Binsen-Balsas dar, die über Amerika weit verbreitet waren und über die wir verhältnismässig vorzügliche Nachrichten haben. Hätte Lafitau sie gekannt, so hätte er sich nicht den Kopf darüber zu zerbrechen brauchen, wie wohl in aller Welt die ägyptischen Papyrusboote zu erklären seien; denn ihnen ähneln diese Balsas in ganz auffälliger Weise. Das Binsenkästchen, in welchem Moses von der ägyptischen Königstocher gefunden wurde, besass in der Neuen Welt sein Gegenstück. Die Binsen-Balsas Amerikas sind in der Hauptsache in drei Punkten alle untereinander gleich: zunächst finden sie sich nur an der Westseite des Kontinents, zweitens bestehen sie alle aus demselben oder sehr ähnlichem Material und drittens sind sie alle nach demselben oder ganz ähnlichem Prinzip erbaut.

Verfolgen wir ganz allgemein und in grossen Zügen ihr Vorkommen von Norden nach Süden, so ergibt sich folgendes: Während sie bei den Thompson-Indianern in Britisch-Columbia und bei den Klamath von Oregon und Nord-California zwar vorhanden waren, aber nur eine untergeordnete Rolle spielten, stellten sie in grossen Teilen des heutigen Staates California das einzige Fahrzeug dar und waren selbst dort sporadisch vorhanden, wo leistungsfähige Boote die See befuhren; so am Santa Barbara-Kanal. In weiten Gebieten des Hinterlandes, besonders am Tulare-See bei den Yokuts und am Clear Lake bei den Pomo, sowie bei Shoshone-Stämmen im westlichen Nevada waren sie das einzige Gefährt. Das klassische Land der Binsen-Balsa in Nord-Amerika ist aber die Halbinsel California mit näherer Umgebung. Hier finden wir sie zunächst an der Aussenseite bis hinunter zur Gegend nördlich der Islas de los Cedros; die Einwohner dieser Inseln befuhren die See mit dicken Balken-Balsas. Unmittelbar südlich jedoch, an der Punta San Eugenio, beginnt wieder die Zone der Binsen-Balsa, um sich etwa bis zur Bahía de la Magdalena hinab zu erstrecken. Von hier nach Süden, um Kap San Lucas herum und weiter nach Norden bis in die Gegend von Kap Santa Cruz haben wir ein geschlossenes Gebiet der Balken-Balsa. Von hier aus jedoch weiter nach Norden bis zur Mündung des Rio Colorado, diesen Fluss hinauf im Gebiet der Yumas und Mojaves, dann wieder zurück die ganze Ostküste des Golfs von Californien, die Insel Tiburón, die Sonora-Küsten und südwärts bis nach Sinaloa hinein haben wir ein riesiges Verbreitungsgebiet der Binsen-Balsa. In Corazones, Sinaloa, sah Cabeza de Vaca Balsas, deren Charakter er jedoch nicht näher angibt. Man kann wohl annehmen, dass es kunstlose Holzflösse waren; denn wären es Binsen-Balsas gewesen, so würde er solche seltsamen Gefährte wohl näher beschrieben haben. Diese Auffassung wird durch die Tatsache gestützt, dass im ganzen mittleren Mexico zwar Binsen-Balsas vorhanden waren, aber nur ganz sporadisch.

In Süd-Amerika finden wir diese Art Fahrzeuge zunächst unmittelbar unter dem Äquator bei den Passaus, einem Fischervolke so wüst und wild, dass sich der Inka Huayna Capac geweigert haben soll, es seinem Reiche anzugliedern. An den Küsten von Peru und Chile waren die Binsen-Balsas weitverbreitet, ohne dass sich aber genau sagen liesse, an welchen Stellen sie vorhanden waren und wo nicht. Es wird sich dies besonders nach dem Vorhandensein des Baumaterials gerichtet haben; auch hatte man an vielen Orten verschiedene Typen von Balsas nebeneinander. Die Gegenden um Trujillo und das mittlere Chile sind besonders bekannt geworden wegen ihrer zahlreichen und charakteristischen Binsen-Balsas. Auf den Binnengewässern, besonders auf den Seen, waren fast ausschliesslich nur sie im Gebrauch: die Uros des Titicaca lebten auf ihnen, Pehuenchen befuhren mit ihnen den Nahuelhuapi, und Guarpés die Laguna de Guanacache nördlich Mendoza.

Am weitesten nach Osten vorgerückt sind die Binsen-Balsas der Guajibos am Rio Meta, in der Gegend der Casanare-Mündung. Diese hingen jedoch mit den übrigen offenbar nicht zusammen und scheinen sich auch durch Material und Form nicht unwesentlich von ihnen unterschieden zu haben.

Das Prinzip der Herstellung dieser Balsas war, wie schon erwähnt, im allgemeinen das gleiche. Das Baumaterial, Binsen, Schilf, Röhricht, in California in der Hauptsache Tule, in Peru Tótora genannt, wurde zu langen faschinen- oder walzenförmigen, nach den Enden aber spindelförmig in dünne Spitzen auslaufenden Körpern zusammengebunden. In der Titicaca-Gegend war der Verlauf des einen Endes der Rolle nicht gleich dem des anderen, sondern das für den Bug der Balsa bestimmte lief flacher und spitzer zu, das hintere Ende war stumpfer: die einzelnen Rollen hatten hier also etwa die Form gewisser langer Zigarren. Je nach der geplanten Grösse des Fahrzeugs wurden nun zwei, drei oder mehr von diesen Rollen so nebeneinander gefügt, dass sie etwa die Gestalt einer Gondel erhielten. Die kleinsten dieser Balsas, die „caballitos" in Peru, bestehen aus ein bis drei Rollen, die Fahrzeuge der Umwohner des Golfs von California haben deren drei, während für die grossen Tótora-Balsas des Titicaca eine grössere Anzahl verwendet wird. Waren es ihrer drei, dann bildete die mittelste in gewisser Weise den Kiel, während die beiden anderen halb seitwärts und halb darüber so darangebunden wurden, dass sie die Planken darstellten. Die Spitzen gingen als Bug und Heck ziemlich spitz nach oben, und zwar je steiler, je mehr sich die durch Passagiere oder Warenballen in der Mitte belastete Balsa in das Wasser hineinsenkte. Auf dem Lande sah eine solche Balsa aus wie eine aufgehängte Hängematte, auf dem Wasser wird sie häufig mit einem Schwan verglichen. Sie ähnelte einem Boot, einer Gondel, und keinesfalls einem Floss; dieses Wort würde einen ganz falschen Begriff von ihrer Form nahelegen.

Im einzelnen waren die Formen lokalen Einflüssen unterworfen: diese hatten ein stumpfes Heck, anderen war auch der spitze Bug gestutzt; einige glichen vollkommen einer Gondel, andere zeigten Annäherung an Flossform. Die grossen Titicaca-Balsas, aus vielen Rollen

Tótora aufgebaut, waren 4½ bis 6 m lang und 3 bis 3½ m breit, sie konnten mehrere Güter-Ballen tragen und bildeten die Unterlage der Schiffsbrücken. Die Seri-Balsas zeigten Längen von 3 bis 9 m, eine Breite von rund 1,2 m und eine Tiefe von ½ m. Eine solche im National-Museum zu Washington befindliche Binsen-Balsa wiegt trocken 113 kg, nass 126 kg; sie trägt eine Besatzung bis zu 4 Personen mit einem Gesamtgewicht von 272 kg. Da das Fahrzeug biegsam ist und im Wasser nachgibt, so ist, wie schon angedeutet, seine Figur je nach der Schwere der Last verschieden. Wegen dieser Nachgiebigkeit sind sie aber ausserordentlich seefähig. Fast ihr einziger Nachteil in ihrer Art ist das Nasswerden von oben und bei schwerer Ladung auch von unten. Die kleinsten Balsas dieser Art, die „caballitos" der peruanischen Küsten, aus einer oder gewöhnlich 2 Rollen Tótora be-

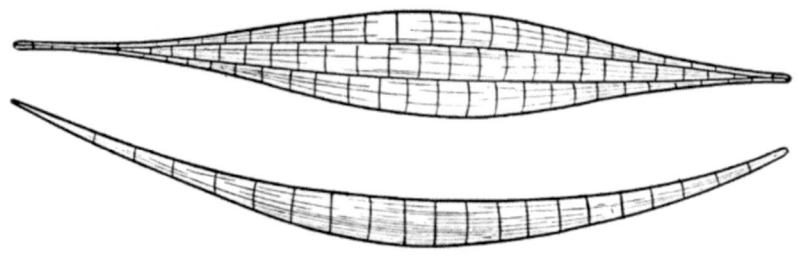

Seri-Balsa; nach McGee.

stehend und so schmal, dass sie der sitzende Schiffer mit den Beinen zum Rudern umfassen kann, tragen nur 1 bis 2 Personen, jedoch können die grösseren auch unter ihnen, wenn sie aus 3 Rollen Tótora bestehen, 2 bis 3 Ballen Güter tragen. Eine grössere Anzahl von Binsen-Balsas zusammengekoppelt wird zum Viehtransport verwendet. Fortbewegt werden sie je nach ihrer Gestalt und Grösse, nach Art und Tiefe der Gewässer und nach der Schwere der Ladung, mit den Unterschenkeln als Ruderwerkzeuge, durch Doppel-Pagaje, Pagaje oder Staken; sie konnten so schnell sein, dass „sie zu fliegen schienen". Segeln ist bei allen Binsen-Balsas so gut wie ausgeschlossen, obwohl d'Orbigny Binsensegel erwähnt. Ihre Entstehung verdanken sie der Holzarmut ihrer Heimat; Kino und Gilg im Seri-Lande fanden es unmöglich, auch nur das einfachste Fahrzeug zu bauen, um nach der Halbinsel California überzusetzen. Aber ihre schon genannten guten Eigenschaften, denen noch leichte Herstellungsart und Billigkeit beigefügt werden mögen, haben ihnen auch in Gegenden ein Dasein gewährleistet, wo wohl vorgeschrittene Fahrzeuge hätten gebaut werden können. Die Indianer befuhren mit ihnen furchtlos die See und gingen sogar hin und wieder über den Golf von California.

Anschliessend an die Zone der Binsen-Balsas am unteren Colorado und teilweise mit ihr zusammenfallend fand sich das Gebiet der Binsen-Körbe bei den Yumas, Pimas, Cocomaricopas. Die grösseren unter ihnen, von den Spaniern Coritas genannt, wurden als Fahrzeuge benutzt, die kleineren als eine Art Schwimmblase unter je einem Arm. Teils waren sie wasserdicht geflochten, teils mit Lehm oder Pech beschmiert und glichen so vollständig dem kleinen Binsenkörbchen, in welchem die Tochter Pharaos den kleinen Moses fand. Weiter im Innern, bei den Mojaves, Apaches, Pai-Utes, am Tulare-See, war das Charakteristische der Formen meistens verwischt; „rohe Tröge" werden sie genannt oder als Binsen-Balsas beschrieben, die lediglich ein ungestaltetes Floss erkennen lassen.

Zum Übersetzen über Flüsse wurden vielfach sowohl im Inkareich als auch in den Nahua-Gebieten Kalabassen-Balsas verwendet. Durch ein Netz bei den Inkaperuanern, durch einen Bambusrahmen bei den Nahuas wurden die grossen hohlen Schalen der Früchte des Kalabassen-Baumes in der Weise dicht zusammengefügt, dass sie eine Plattform von 1,25 bis 1,50 m oder auch mehr im Quadrat bildeten. Hierauf wurde in den meisten Fällen eine möglichst wasserdichte Schicht von Zweigen oder Gräsern gelegt. Vorn befand sich eine Art Zuggeschirr, dessen Stirnband ein schwimmender Indianer vor den Kopf nahm, während andere Schwimmer das Gefährt von hinten schoben. So wurden Passagiere und Gepäck mehr oder weniger trocken selbst über schnellfliessende Wasserläufe gebracht.

Die Tierhaut-Balsa war auf langen Strecken der Westküste von Süd-Amerika das gebräuchlichste Wasserfahrzeug, in der Provinz Arequipa, an den Atacama-Küsten, in den Meeresstrichen von Concepción, im südlichen Chile. Ein solches Gefährt besteht aus zwei abgezogenen Seelöwenfellen, die wieder zusammengenäht, aufgeblasen und luftdicht verschlossen werden. Schwimmend ist jede einzelne Haut einer Gondel nicht unähnlich. Sie werden nun unter einem sehr spitzen Winkel so aneinander gekoppelt, dass sie am Bug erheblich näher zusammen sind als am Heck. Auf ihnen wird mittelst Stangen und Riemen eine kleine Plattform hergestellt, auf welcher der Schiffer Platz nimmt, um seine Balsa von hier aus mit einer Doppel-Pagaje fortzubringen. Sie können eine Länge von 2,75 m erreichen und 4 Personen mit Gepäck tragen. Sie wogen ausgezeichnet auf dem Meere und sind sehr sicher. Bei günstigem Winde können sie sogar ein kleines Segel benutzen, sind dagegen bei widrigen Winden wegen ihrer Leichtigkeit schlecht zu steuern. Berührung mit Felsen bringt ihnen Gefahr, weil diese die Häute sehr schnell durchscheuern. An jeder Haut befindet sich ein kleiner verschlossener Schlauch, der es dem Schiffer ermöglicht, Luft nachzublasen, falls sein Gefährt zu undicht werden sollte.

Wie schon erwähnt, bildete das Südende der Halbinsel California eine kleine Zone von Balken-Balsas, im Norden an beiden Küsten begrenzt von dem Gebiet der Binsen-Balsas. Die obengenannte Grenze war nicht ganz scharf, wie dies ja selten der Fall sein wird; in Bahía de la Paz kamen die beiden Arten der Balsas nebeneinander vor.

Diese südlichen Balken-Balsas der Halbinsel California waren aus 3, 5 oder 7 Balken eines leichten, Corcho genannten Holzes zusammengefügt. Am Bug bestand Orgelpfeifen-Anordnung, der mittelste Balken war der längste; das Heck war glatt abgeschnitten. Nach der von Cortés gegebenen ältesten Beschreibung stand der mittelste Balken jedoch auch nach hinten heraus. Eine Abbildung bei Shelvocke gibt ihnen eine völlig rechtwinklige Form; es fragt sich aber, ob diese Zeichnung, wie so häufig in alten Reisebeschreibungen, nicht der Phantasie des Künstlers entsprungen ist. Diese Balsas konnten 3 Mann tragen und gingen unverzagt 6 bis 8 km ins Meer hinaus zu den ergiebigen Fischereigründen.

Die nördliche Balken-Balsa der Halbinsel California, die sich auf den Archipel der Islas de los Cedros beschränkt zu haben scheint, war etwas anders konstruiert. Zwei dicke, manchmal zwei Mann starke, und etwa 5 m lange Ceder-Balken waren dicht nebeneinander gebunden und gaben Platz für 4 bis 7 Mann, die mit ihnen furchtlos das Meer befuhren. Näheres über sie wissen wir nicht, aber im Reisebericht von Francisco de Ulloa werden sie ausnahmslos „canoas" genannt, und Äusserungen lassen den Schluss zu, dass sie sich in den Augen der Spanier vorteilhaft von den Binsen-Balsas der Umgegend unterschieden haben.

Über die Holz-Balsas, welche die taraskischen Fischer auf ihren Seen in Michuacán hatten, ist nichts Näheres bekannt. Die Piperis der Insel-Caraiben glichen denen der Tupi von Brasilien; 3 bis 6 kurze Balken in Orgelpfeifen-Anordnung nebeneinander, Länge etwa 1,65 m, Breite 0,70 m; sie trugen nur einen Fischer. Wie die

gegebenen Zahlen erkennen lassen, war hier nicht an einer ungeraden
Anordnung festgehalten; die Piperis konnten auch aus 4 und 6 Balken
bestehen. Als Material verwendete man zu ihnen in Brasilien das
leichte Holz des Peyba. Auch die grossen Flösse von Brasilien, die
Jangadas, waren teils aus einer geraden, teils aus einer ungeraden
Zahl von „paos de jangada", Jangada-Hölzern, zusammengesetzt.
Will man annehmen, dass die heute an den brasilianischen Küsten
üblichen Fahrzeuge unverändert aus der Zeit der Ureinwohner auf
uns gekommen sind, so waren diese grossen Flösse im allgemeinen
vorn und achtern rechtwinklig glatt abgeschnitten, die Jangadas von
Bahia und nördlich bestanden aus einer geraden Anzahl von Balken,
während die der Provinz Ceará meistens 5 paos de jangada besassen.
Es ist immer zu berücksichtigen, dass die heute in Brasilien gebauten
Jangadas sehr verfeinerte Abbilder der rohen Tupi-Fahrzeuge darstellen. Die Chibchas der Hochebene von Bogotá standen der Schifffahrt im allgemeinen fern; immerhin aber vermittelten Boote auf dem
Magdalena einen nicht unbedeutenden Warenverkehr nach den Märkten
der Chibchas, und auf ihren Seen verkehrten Balken-Balsas. Auf
einer solchen fuhr der so berühmt gewordene „Dorado" in die Mitte
des heiligen Sees, um dort sein kostbares Opfer darzubringen.

Die Küstengewässer des Inkareiches und z. T. auch von Chile
wurden in erheblichem Umfange von Balken-Balsas befahren; sie waren
die seetüchtigsten Fahrzeuge der alten Peruaner, gingen unter Segel
und machten beträchtliche Handelsreisen. Aber auch im Inneren
verwandte man sie; einzelne Inkas liessen Baumaterial in das Binnenland
schaffen und bauten sich Lust- oder Prunk-Balsas auf den Seen. Als
Tupac Inka Yupanqui seinen berühmten Zug gegen die Moxos unter-
nahm, liess er eine ganze Flottille erbauen und fuhr mit ihr einen
Nebenfluss des Madeira hinunter gegen die Chunchos oder Musos.
Für je 30 bis 50 Soldaten war eine Balsa vorgesehen, auf der sich
auch eine kleine Proviant-Hütte befand, um die Vorräte gegen Nässe
zu schützen. Die grossen Balsas der Küste, von denen man die besten
in den Gegenden von Payta, Manta, Guayaquil sah, bestanden aus
einer ungeraden Zahl von Balken des leichten „palo de balsa", Balsa-
Holz, einer Malwenart. Fünf, sieben, neun, elf oder noch mehr un-
gleich lange Hölzer waren am Bug in Orgelpfeifen-Form so an-
geordnet, dass das längste sich in der Mitte befand; das Heck war
rechtwinklig abgeschnitten. Hierüber war eine zweite Holzlage als
Flur gelegt, an dessen Rande sich bei Passagier-Balsas wohl ein

niedriger Geländerumgang befand. Die grössten Fahrzeuge dieser Art konnten 50 Mann und drei Pferde fassen. Die Segel-Balsas zur Inkazeit hatten in der Mitte zwei Masten, zwischen denen ein viereckiges Baumwollensegel ausgespannt wurde. Zum Steuern besassen sie eine rohe Art von Ruder, wahrscheinlich in der Form eines Steuer-Remens. War kein Wind, so wurden sie durch Pagajen fortbewegt. Diese Balsas waren sehr seetüchtig und leistungsfähig und daher bei den Spaniern sehr beliebt. Nur hatten sie hin und wieder das Unangenehme für die Conquistadoren, dass die geknechteten Indianer die günstige Gelegenheit einer gemeinsamen Seefahrt benutzten, um sich ihrer Peiniger zu entledigen. Sie lösten heimlich die Stricke, welche die einzelnen Teile des Fahrzeugs zusammenhielten, und brachten sich als vorzügliche Schwimmer auf den losen Balken der plötzlich auseinander gebrochenen Balsa in Sicherheit, während die Spanier ertranken. Durch ein solches Manöver hatten schon in früherer Zeit einmal die Inselbewohner von Puná den Soldaten des Inka ein nasses Grab bereitet. Die Inkaherrscher besassen eine Balsa-Flotte auf dem Meere.

Als die Inkas die Gebiete von Quito ihrem Reiche einverleibt hatten, lernten sie Bambusen-Arten kennen, deren Röhren das heimische palo de balsa an Brauchbarkeit für den Flossbau noch übertrafen. Denn im tropischen Equador und im Cauca-Tal hatte man Bambus-Balsas. Die Inkaherrscher liessen nun Bambusröhren nach Süden schaffen und für den Balsa-Bau auf die peruanischen Wasserläufe verteilen. Auch in Brasilien gab es Bambus-Balsas oder wenigstens Flösse, die aus bambusähnlichen Rohrgräsern hergestellt waren.

Diese letzteren gehören vielleicht schon in die weitere Gruppe der Floss-Fahrzeuge, die ich unter dem Namen Gelegenheits-Balsas zusammengefasst habe. Hierin befinden sich alle die, welche aus dem gerade zur Hand liegenden nutzbaren Material für den unmittelbaren Gebrauch, vornehmlich zum Kreuzen eines undurchfurtbaren Gewässers, in kurzer Zeit zusammengefügt wurden, dann aber auch solche, die zwar einen mehr dauerhaften Charakter zeigen, sich aber wegen nicht ausgesprochener Form oder wegen mangelhafter Beschreibung in keiner der früheren Klassen gut unterbringen lassen. Häufig zeigen sie aber Anklänge an eine von diesen, zuweilen scheinen sie eine Mischung von mehreren zu sein. Die auf dem Isthmus neben den Canoas gebräuchlichen Balsas aus 4 bis 6 Hölzern, auf denen eine zweite quergelegte Lage als eine Art Flur befestigt wurde, waren im allgemeinen offenbar von regelmässiger Form und konnten vielleicht mit demselben Recht zur Klasse der Balken-Balsas gerechnet werden. Die rohen Flösse aus Weiden und Binsen der Schlangen-Indianer und die geflochtenen Weiden-Balsas auf dem Rio Apurimac in Peru erinnern an die Binsen-Balsas und -Körbe am unteren Colorado, während Flösse aus 4 oder 5 Rohrstengel- oder Knüppelfaschinen kunstlos zusammengefügt an das Bauprinzip der vollendeten Binsen-Balsas erinnern. Die eigentlichen Gelegenheits-Balsas, roh aus Baumstämmen, Ästen, Treibholz, Rohr, Binsen und ähnlichem zusammengebunden und -geflochten, finden sich über ganz Amerika, von den Eskimos im Norden bis in das südlichste Chile. Sie waren im Westen häufiger als im Osten, aber sie fehlten ebensowenig in den Ländern um die Hudsons-Bai, wie in den Oststaaten der heutigen Union oder im Innern Brasiliens. Wir finden sie am unteren Mackenzie, in Alaska, am Thompson-Fluss in Britisch-Columbia, bei den Shahaptischen Stämmen der Felsengebirge und bei den Comanchen der Plains. In Mexico wurden sie nicht weniger gebraucht wie in Guayana oder im Chaco. Auf den Oberläufen des Beni und Mamoré, wie mancher anderer Nebenflüsse des oberen Amazonas und Madeira waren sie häufig die einzigen Fahrzeuge und hatten Formen, die ihnen den Charakter des Gelegentlichen und Vorübergehenden nehmen und sie der Klasse der Balken-Balsas einfügen.

Der Vollständigkeit wegen muss noch eine letzte Art von Balsas erwähnt werden, obwohl sie ganz oder wenigstens zum grössten Teil eine Erfindung der Jesuiten ist: die Fahrzeuge nämlich, mit welchen die Väter Jesu die Verbindung nach ihren Missionen am Paraguay und Orinoco vermittelten. Zwei oder drei starke Bäume, teils Vollhölzer, teils als Einbäume ausgehöhlt, wurden mit je einem Schritt Zwischenraum nebeneinander befestigt und über dem Ganzen eine Plattform errichtet. Auf dieser wurde eine kleine Hütte mit Tür und Fenstern, Tisch, Stühlen, Betten und einem Altar für die reisenden Missionare erbaut. 24 Guaraní-Pagajer und ein Steuermann bildeten die Besatzung eines Fahrzeugs, welches sie so geräuschlos fortbewegen mussten, dass ihre Passagiere auch nicht im geringsten gestört wurden. Da die Hütten auch einigermassen gegen Sonnenstrahlen und Moskitos schützten, so hatten es diese Männer wohl angenehm im Vergleich zu ihren Ordensbrüdern in Kanada, in den Maynas-Missionen und unter den Omaguas. P. Betschon erzählt, dass er mit einer Flotte von 17 solcher Priester-Balsas mit einer Gesamtbesatzung von 450 bewaffneten Guaranis den Paraguay aufwärts gefahren sei.

Die Balsas sind in erster Linie das Ergebnis der völligen Baumlosigkeit oder Baumarmut weiter Strecken Amerikas. Die reisenden Naturforscher haben uns hierüber oft erzählt: „triste, affreux, d'une nudité repoussante", nennt Lesson die Küsten von Callao und Payta; Poeppig spricht sich ähnlich aus. Aber wir finden Balsas auch in Gegenden, wo die Bedingungen für den Bootbau günstig sind, wir treffen sie Seite an Seite mit den verbesserten Typen der Schiffbaukunst an und sehen stellenweise, dass sie seit der Entdeckung Amerikas an Form und Verbreitung gewonnen haben. Die zahlreichen Jangadas, die noch heute die Küsten und Ströme Brasiliens befahren, stellen gegenüber den kleinen rohen Tupi-Piperis einen Fortschritt dar, und in Perú, Bolivia und Chile hat keine der verschiedenen Balsa-Arten merklich an Bedeutung verloren. Es kommt dies von den mancherlei guten Eigenschaften dieser primitiven Wasserfahrzeuge her, die sie für anspruchslose und abgehärtete Schiffer so wertvoll machen: ihre Billigkeit, Seetüchtigkeit, Tragefähigkeit und Sicherheit als Segler. Besonders für die Entwicklung der Segelschiffahrt ist die Rolle der Balsa nicht zu unterschätzen. Denn was sind die Auslegerboote von Hinter-Indien und Polynesien mehr als verbesserte Balken-Balsas? Unter diesem Gesichtspunkt sind selbst die vorhin erwähnten Jesuiten-Balsas auf dem Paraguay als eine Art Zwischen-Typus zwischen Balken-Balsa und Ausleger-Boot von ethnologischem Interesse.

Das Bull-Boot.

In der Bison-Region Nord-Amerikas und in Süd-Amerika dort, wo das eingeführte europäische Rind zahlreich war, stellte das eigentümliche Rundboot den üblichen Hilfs-Apparat bei Flussübergängen dar. Bull-Boot war sein Name im Norden, Pelota heisst es im lateinischen Amerika. Es ist ein schönes Beispiel für die Tatsache, dass gleiche Natur- und Lebensbedingungen gleiche oder ähnliche Sitten hervorzubringen geneigt sind. Das Bull-Boot Nord-Amerikas erhielt in Süd-Amerika nach Einführung des Rindes sein genaues Gegenstück in der Pelota, während beide schon Tausende von Jahren vorher ihren Vorläufer in dem Rundschiff des Zweistromlandes Vorderasiens gehabt hatten.

Die Verbreitung des Bull-Boots in Nord-Amerika deckte sich ursprünglich offenbar mit der des Bisons; es hat aber im Osten, wo besseres Material für Wasserfahrzeuge zur Verfügung stand, niemals

auch nur annähernd die Wichtigkeit besessen, wie auf den baumlosen
Prärien des Westens. Wir wissen, dass die Cherokees sich seiner bedienten, auch wohl für kleinere Lasten Barenfelle anstatt der Bison-
häute benutzen; wir kennen seinen Gebrauch bei Stämmen der Sahish-
Familie, bei Assiniboins, bei Poncas und verwandten Sioux-Völkern
am unteren Missouri und Platte und besitzen die besten Beschreibungen von den Bull-Booten der Mandans und Minnitarees. Sie
waren im allgemeinen alle kreisrund und bestanden aus einer Bisonhaut, die mit den Haaren nach innen über ein Gestell von starken
Weidenruten gezogen war. Eine Form sah aus, wie die heute
üblichen zusammenlegbaren Gummi-Badewannen, wenn man sich den
Rand etwa um die Hälfte erhöht denkt; eine andere glich einem auf-
gespannten, auf dem Wasser schwimmenden Regenschirm aus der Zeit
der Vorväter. Sie waren so leicht, dass sie bequem von einem Manne
auf der Schulter getragen werden konnten, waren aber ihrerseits fähig,
erhebliche Lasten aufzunehmen. Der jüngere Alexander Henry erzählt, dass ein Mandan-Bull-Boot drei Personen mit Waren im Gewicht von 2 Zentnern über den Missouri trug und mit Leichtigkeit
noch einen weiteren Zentner hätte leisten können. Die Salish-Stämme
benutzten an Stelle von Bisonfellen ihre ledernen Zeltdecken, die über
einen schnell hergestellten Rahmen von Zweigen gespannt wurden.

Fortbewegt wurden diese Fahrzeuge auf verschiedene Weise: einmal durch Schwimmer, indem ein Mann oder Weib vorne zog, andere
von hinten schoben. Einen ähnlichen Dienst leisteten die Pferde,
wobei der Schweif des Tieres oder die Lanze des Reiters als Verbindungs-
glied dienten. Hatten die Insassen ohne Hilfe von aussen ihr Gefährt
fortzubringen, so geschah dies entweder durch eine breite Pagaje, mit
welcher ein kniendes Weib sich durch Druck nach ihrem Körper zu
im Wasser vorwärtszog oder -schaufelte, oder aber ein Mann trieb das
Bull-Boot mit einer $1^{1}/_{2}$ m langen Pagaje fort, wobei es sich bei
jedem Schlage beinahe einmal um seine Achse drehte. Natürlich
konnte es nicht ausbleiben, dass sie bei dieser Art von Schiffahrt
ganz erheblich abgetrieben wurden; bei dem breiten und schnell-
fliessenden Missouri machte dies 500 bis 1500 m aus, je nach der
Geschicklichkeit des Schiffers. Unmittelbar nach dem Gebrauch musste
das Bull-Boot zum Trocknen aus dem Wasser genommen werden, da
sonst das Leder sehr schnell litt. Halbblut-Indianer und weisse
Trapper benutzten häufig zwei Felle zum Bootbau; dann erhielt das
Gestell eine ovale Form. Um ihr Gepäck trocken über einen Fluss

zu schaffen, legten die Krähen-Indianer mehrere Bison-Felle übereinander, rafften den Rand mit einem Strick zusammen, etwa so wie man es mit einem Tabakbeutel macht, und sicherten nötigenfalls die Stabilität dieses Gefährts durch Steinballast. Auch dreieckige oder viereckige Holzrahmen mit Büffelfell bespannt benutzten sie für diesen Zweck.

Die Pelota Süd-Amerikas findet sich in der ganzen Pampa-Gegend, in Uruguay, Rio Grande do Sul, Matto Grosso, in der Moxos-Gegend und in den Llanos. Der Form nach ist sie rund, viereckig oder dreieckig, je nach Anordnung der den Rand stützenden Reifen oder Stäbe. Ihre Fortbewegung erfolgte anscheinend fast immer von aussen durch Pferde oder schwimmende Indianer, wobei der Schweif oder ein mit den Zähnen gefasster Lasso die Verbindung vermittelten. Die Gaucho-Weiber von Santiago del Estero genossen früher eines grossen Rufes als gewandte Pelota-Schwimmerinnen.

Boote.

Ehe an die Untersuchung der primitiven amerikanischen Boote herangegangen wird, müssen noch einige Bemerkungen sprachlicher Art vorausgeschickt werden, denn in der Nomenklatur herrscht eine sehr grosse Verwirrung. Worte wie die bekannten Canoa, Piragua, Corial, Ubá, oder die weniger gebräuchlichen Bacassas, Culcha, Acalli, Almadía, Igára, Igá und andere werden gewöhnlich gleichgültig und wahllos oder widersprechend und falsch auf ganz verschiedene Arten von Wasserfahrzeugen angewendet. Die Ausdrücke mehr lokaler Art werden an ihrem Platz eine kurze Erwähnung finden, die Worte allgemeinen Wertes jedoch verlangen eine Umgrenzung, bevor in die Sache selbst hineingegangen wird. Columbus und nach ihm zuerst Petrus Martyr wenden das Wort „canóa" gleichmässig auf die ausgehöhlten Baumboote von Caraiben und Aruaks der Grossen Antillen an; Columbus vergleicht wiederholt die „canóas" der Insel-Caraiben mit „Fustas" oder „Fustas pequeñas", also mit grossen, langen Booten, die schon einen kleinen Schiffstypus darstellen. Rafinesque glaubt herausgefunden zu haben, dass das Wort „canóa" sowohl der Sprache der Caraiben als auch der Tainos auf Haiti angehörte. Es war zweifellos ein originaler Bestandteil der Caraiben-Sprache, in deren verschiedenen Dialekten es sich unter den Formen canáoa, canaoua, canagua und ähnlichen findet. Gehörte es auch dem

Sprachschatz der Insel-Aruaks an, dann war es sicherlich den maritim überlegenen Caraiben entlehnt worden, ähnlich wie ich ja auch bei uns in der Sprache des Seemanns eine grosse Zahl von Ausdrücken aus dem Wortschatz von Völkern befindet, die in früheren Zeiten eine führende Rolle auf dem Meere gespielt haben oder dies noch heute tun. In keinem Aruak-Wörterverzeichnis ist mir ein Wort aufgestossen, das auch nur entfernt dem „canoa" ähnelte. In der caraibischen Weibersprache, die höchst wahrscheinlich einen Aruak-Grundstock besass, war der Ausdruck für Boot „oucounni"; Ratinesque will zwar auch hier das Wort „canoa" haben. Dies Caraiben-Wort „canoa" verbreitete sich nun durch die Conquistadoren mit erstaunlicher Schnelligkeit über ganz Amerika, wobei die Spanier als schlechte Ethnologen den Ausdruck auf jede Art von Eingeborenen-Fahrzeugen anwendeten, das einem Boot ähnlich sah, unbekümmert, ob es von Holz, von Rinde oder gar von Binsen war. Indianer sprachen den Eroberern nach, mit dem Erfolge, dass das Wort auch in den Sprachschatz von Völkern einrückte, die bisher gar keine oder eine andere Bezeichnung für Boot gehabt hatten. Bei den Quechua z. B. und Capote Utahs heisst Boot „canoa"; selbst bei Feuerländern hat es sich gefunden.

Das Wort „piragua" soll nach Ratinesque aus dem Dialekt der Aruaks von Puerto Rico stammen; dies erscheint aber ausgeschlossen, weil gerade die Bewohner von Puerto Rico im Gegensatz zu ihren Stammesgenossen von Haiti, Cuba und Jamaica ausdrücklich als Leute bezeichnet werden, die keinerlei Seefahrzeuge besassen. Nach Oviedo entstammt das Wort Piragua der Sprache der Caraiben. Es bezeichnete nach der Auffassung der Spanier, soweit sie überhaupt einen Unterschied machten, den höchsten Typus einer Canoa; Herrera und Cobo stellen dies ausdrücklich fest.

Die beiden Worte canoa — franz. canot, engl. canoe, (spr. känu), deutsch (aus dem Engl. übernommen) kanu, und piragua — franz. pirogue od. piraugue, engl. pirogue, — werden nun unterschiedslos und verwirrend auf ganz verschiedene Arten von primitiven Booten angewendet. Die französischen Kanadier nannten im allgemeinen ein Rindenboot canot und einen Einbaum pirogue, die Engländer unterschieden zuweilen zwischen dug-out und canoe, und die deutschen Missionare bezeichnen einen indianischen Einbaum mit dem Wort Weidling; Labat spricht viel von einer „bacassas", die Breton absolut nicht kennt; ubá, casca, corial und acalli werden zur

Hilfe herangeholt, aber dies alles dient nur dazu, die Verwirrung zu vermehren.

Im folgenden werden nun folgende Benennungen verwendet werden: Canóa für jeden einfachen Einbaum. Pirágua für Canoas mit Plankenerhöhung, sei es, dass diese als ein „Bördli" vollständig um das Boot zur Erhöhung des Freibords herumgeht, sei es, dass sie sich nur auf Bug und Heck beschränkt. Kanú für jedes Rindenboot. Wenn sie nötigenfalls einen erläuternden Zusatz erhalten, so lassen sich alle primitiven amerikanischen Boote durch eines dieser drei Worte klar bezeichnen. Einheimische Namen lokaler Typen finden innerhalb der drei Gruppen besondere Erwähnung.

Nur ein Fahrzeug lässt sich nicht unterbringen und muss eine Klasse für sich bilden: die südchilenische Dalca. Durch ihr Baumaterial nähert sie sich in ihren beiden Unterarten teils dem Kanu, teils der Canoa, aber in ihrer Bauart steht sie in Amerika allein da.

Das Kanu.

Das Rinden-Kanu ist über ganz Amerika verbreitet, vom unteren Mackenzie im Norden bis zum Kap Hoorn im Süden, und von den Kinai und Kutchin im Westen Alaskas bis zu den Tupí der Küsten von Pernambuco. Es gibt weite, nicht klar zu umgrenzende Strecken, von denen man sagen kann, dass nur das Kanu in ihnen heimisch war, und wieder andere ebensolche Gebiete, wo der Einbaum unumschränkt herrschte. Aber in noch anderen Gegenden kamen beide Formen nebeneinander vor und stellenweise gesellte sich als dritte im Bunde die Balsa zu ihnen. Die Thompson-Indianer in Britisch-Columbia besassen sechs Typen von Einbäumen, ein Kanu und zwei Typen von Balsas. War geeignete Baumrinde vorhanden, hatte man es mit unruhigen Gewässern zu tun und Trageplätze beim Reisen zu überwinden, dann baute man Kanus; war das Wasser tief und ohne Stromhindernisse, war geeignetes Bauholz vorhanden, dann stellte man Canoas her. Dasselbe Volk hatte häufig am Unterlauf eines Flusses Einbäume, auf dem Oberlauf Rinden-Kanus und Balsas. Die geologische Formation und geographische Verbreitung der Pflanzen sind es in der Hauptsache gewesen, die durch Stammesgebräuche und einen mässigen Handelsaustausch hier und da beeinflusst, die Verbreitung der verschiedenen Arten von Wasserfahrzeugen über Amerika herbeigeführt haben. Wollte man versuchen, diese Verteilung in eine geographische

Karte einzutragen, so müsste man schon eine solche von verhältnismässig geringer Verjüngung wählen und würde dann finden, dass das Ergebnis äusserst lückenhaft ist. Denn Klima und Berge verändern auf kurzen Entfernungen jede Fahrzeugsgrenze und die für manche Gebiete wohl möglichen genauen Eintragungen über die ganze Karte auszudehnen, ist ausgeschlossen, da das Material hierzu fehlt. Es kommt hinzu, dass man hier und dort hat feststellen können, wie ein Stamm von einem Boot-Typus zum anderen übergegangen ist; teils Wasserstands-Veränderungen, teils Handel mit Baumaterial, teils andere Gründe, die nicht einzusehen sind, haben ihn veranlasst, seine althergebrachten Bootsformen aufzugeben und sich anderen zuzuwenden.

Die Algonquins des Nordens hatten nur Birken-Kanus, die von New England Birken-Boote und Einbäume, die des Südostens und des Südwestens besassen in der Hauptsache nur letztere. Von den Völkern

Birken-Kanu; nach Catlin.

der Huronen- und Irokesen-Familie verwendeten die Huronen Birken-Kanus, die Irokesen Ulmen-Kanus und daneben Einbäume; die Cherokees vornehmlich nur letztere. Die Sioux des Westens verfertigten Bull-Boote, die der oberen Mississippi-Gegend kleine Birken-Kanus, während die Sioux des Ostens und des unteren Mississippi in Einbäumen das Wasser befuhren. Die Caraiben der Antillen und der Küsten von Guayana machten in Canoas und Piraguas die Meere unsicher, die des Inneren verwendeten hauptsächlich Kanus. Diese kurz herausgerissenen Stichproben kann man in ähnlicher Weise auf alle Völkerfamilien Amerikas ausdehnen, um fast überall ein ähnliches Ergebnis zu erhalten. Ein ins Gewicht fallendes Hindernis für die Verschiebung von Völkerstämmen ist der von ihnen besessene Schiffstypus nicht gewesen; in anderer Umgebung haben sie andere Formen entwickelt. So lange als möglich gebrauchten sie das von ihren Vätern übernommene Gefährt; ging es gar nicht mehr oder ging es nur schlecht, dann zwangen ihnen die veränderten Verhältnisse im Laufe einiger Zeit einen anderen Typus auf.

Das primitive Wasser-Fahrzeug Amerikas ist eine Funktion der Natur, deren Wert nur vorübergehend oder unbedeutend durch traditionelle oder kommerzielle Einflüsse Verschiebungen erfährt.

In Nord-Amerika wurden die Kanus aus der Rinde von Birken, Ulmen, Hickory, Pechtanne (spruce) und Kiefer (pine) verfertigt. Die Algonquins des heutigen Kanada mit Labrador, der New England-Staaten und unmittelbar südlich der drei oberen grossen Seen, die Beothuks auf New Foundland, die Sioux der oberen Mississippi-Gegenden und die Athapasken der weiten Gebiete der Hudsons-Bai und der grossen nordischen Seen gebrauchten fast ausschliesslich Birken-Rinde. Aber schon im Norden und mehr noch im Nordwesten traten Pechtannen- und Kiefern-Rinde in grossem Umfange an ihre Stelle, um unter den Kalispels, Kutenais, unter allen den Stämmen, die unter dem Namen Carriers zusammengefasst worden sind, das Feld allein zu behaupten. Einbäume, die bei den Athapasken fast völlig fehlen, treten bei den zuletzt genannten, in der ganzen Peace-River und Fraser-Gegend in erheblicher Menge dazwischen, um am Thompson-Fluss und Nachbarschaft Kanus und Balsas stark zurückzudrängen. Am ganzen Lauf des Missouri ist keine einzige Birke zu finden; erst an einigen Nebengewässern seines nördlichsten Bogens kommen sie wieder vor. Da andere Bäume keinen Ersatz stellen, so behelfen sich von hier nach Süden zu alle Stämme mit Bull-Booten und Balsas. Die Sioux des oberen Mississippi hatten kleine Birken-Kanus, die Foxes besassen sonderbarerweise bis etwa zum Ende des 17. Jahrhunderts überhaupt keine Fahrzeuge, während die Illinois, Miamis und Verwandte in der Hauptsache wohl Einbäume verwendeten. Das ganze Gebiet der heutigen Staaten Illinois, Indiana und Ohio scheint ein Mischgebiet gewesen zu sein, denn während die breiten und tiefen Flüsse und die Wälder voll prächtigen Bauholzes zum Gebrauch der Einbäume einluden, konnte man doch an den Trageplätzen der Wasserscheiden die leichten Kanus nicht entbehren. Da das Land südlich von Erie und Ontario keine Birken besitzt, so sahen sich die Irokesen für ihren Kanubau auf die Rinde der roten Ulme und des Bitternuss-Hickory angewiesen. Dazwischen besassen sie auch Einbäume, besonders auf dem Mohawk und Hudson. New England war ein Mischgebiet von Kanu und Einbaum, aber am Kap Ann liess sich, wenigstens zu Champlain's Zeit, eine gewisse Grenze feststellen: nördlich von diesem Punkte herrschte das Kanu vor, südlich der Einbaum. Weiter nach Süden wurde das Rindenboot immer seltener, um schon am unteren Hudson fast ganz zu verschwinden.

Den ganzen Südosten der Union beherrschte der Einbaum, aber das Kanu fehlte stellenweise ebensowenig wie die Balsa.

Über die Herstellung der Kanus haben wir viele ausgezeichnete Beschreibungen; am besten unterrichten Kohl und Hoffman über das Birken-Kanu, Kalm über das Ulmen-Kanu. Die Herstellung war häufig allein Sache der Männer, zuweilen wurde sie aber auch den Weibern zu ihren übrigen Geschäften aufgebürdet, während wohl in den meisten Fällen das Fahrzeug der gemeinsamen Tätigkeit von Mann und Weib entsprang. Bei einem planmässigen Kanubau war die Arbeitsteilung in der Regel so, dass der Mann im Frühjahr die Rinde, sowie das Holz der weissen Ceder für die Spanten und Längsspanten besorgte und zuschnitt. Er errichtete eine Art von Helling und setzte das Bootsgerippe zusammen, während das Weib inzwischen die Rindentafeln mit gesplissten Wurzeln der Weisstanne zusammennähte. Die fertige

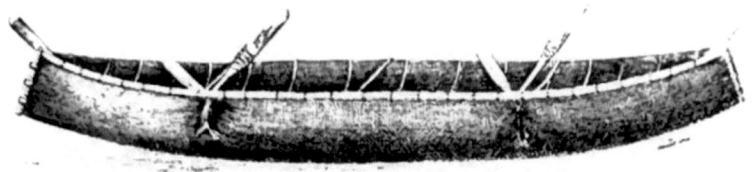

Ulmen-Kanu der Irokesen; nach Morgan.

Kanuhaut wurde dann in gemeinsamer Arbeit um das Gerippe gelegt und befestigt. Dick aufgetragenes Kiefernharz spielte eine grosse Rolle sowohl beim Bau als auch bei den Reparaturen, zu denen die Beschädigungen der talerdicken Wände der Kanus nur zu häufig Veranlassung geben. Bei den Ulmen-Kanus waren die Innhölzer von Hickory- oder Eschen-Holz; bei beiden Arten wurde die Innenfläche der Rinde zur Aussenseite der Kanuhaut gemacht. Der Kanubau ist schwierig und verlangt viel Übung, aber im Notfalle konnte jedes erwachsene Mitglied einer Indianerfamilie sich ein Fahrzeug bauen.

Kohl hat bedauert, dass die ältesten Berichterstatter in ihren Beschreibungen nicht so genau sind, dass man erkennen könnte, in wie weit sich die mit den rohen primitiven Werkzeugen hergestellten Boote von denen unterscheiden, die später mit europäischem Handwerkszeug verfertigt worden sind. Ich glaube, sie unterscheiden sich gar nicht voneinander: denn einmal sind die Lobeserhebungen der ältesten Reisenden genau so enthusiastisch über die wundervoll zierlich und sauber gemachten Boote als die späterer Zeiten, und dann lehrt uns die Völkerkunde mannigfach, dass Naturvölker mit ihren primitiven Werkzeugen Dinge in einer Vollendung herzustellen vermögen, die man bei uns von einem gelernten Arbeiter mit seinem vollkommenen Material nicht ohne weiteres verlangen kann. Nie fehlende Zeit und Geduld verbunden mit andauernder Übung und den Erfahrungen von Generationen ersetzen dem Sohne der Wildnis in erheblichem Masse unsere verbesserten Instrumente.

Obwohl das Kanu auf den ersten Blick symmetrisch gebaut erscheint, und von den ältesten Beobachtern ausdrücklich berichtet wird, dass dies auch der Fall sei, so sind doch für den Indianer Bug und Heck vorhanden. Schon Kohl hat dies bemerkt. In der Tat ist bei den Algonquins des Nordens und Ostens die grössere Breite vorn am Bug, wodurch das Kanu eine entfernt fischförmige Gestalt erhält.

Kutchin-Kanu; neah Jones.

Man hält diese Bauart für besonders geeignet, um Schnelligkeit und leichte Beweglichkeit zu erzielen. Umgekehrt ist bei den nördlichen Athapasken das Heck erheblich breiter als der Bug. Denn hier wird gewöhnlich das Gepäck verstaut und ist im Notfalle auch noch Platz für eine zweite Person. Der spitze Bug dieser kleinen Fahrzeuge ist dagegen ganz mit Rinde zugedeckt, so dass sich diese Kanus der Form der benachbarten Eskimo-Kajaks nähern. Die Boote der Kutenais, Kalispels und ihrer Nachbarschaft waren am Boden erheblich länger als oben; Bug und Heck liefen in eine scharfe Spitze aus, etwa in der Form der alten Monitors oder in der Art des Bugs unserer kleinen Kreuzer. Die Kanus der Kutchin mit ihren steilen Wänden und flachem Boden erinnern stark an die Fahrzeuge der Tschuktschen. Im Vergleich zu den eleganten Birken-Kanus sahen die Ulmen- und Hickory-Boote der Irokesen unschön und plump aus; ihr Anblick „beleidigte das Auge". Schwerfälliger und nicht so manövrierfähig als die flinken Birken-Boote, waren sie besonders dafür verantwortlich, dass die Irokesen in Seegefechten gegen die Algonquins fast immer den kürzeren zogen. Innerhalb dieser hervorgehobenen Gruppen waren die Unterschiede in den Formen gross; so waren die Kanus der Abenakis durchweg flach und niedrig, weil auf ihren schmalen und reissenden Flüssen überhängende Bäume und Äste einen erhöhten Bug nicht geduldet hätten. Hingegen besassen die Boote der Algonquins der grossen Seen, besonders die der Ottawas und Chippeways, einen hohen geschwungenen Bug und ein ebensolches Heck, um in den Wogen der grossen Süsswasser-Seen bestehen zu können. Innerhalb eines Stammes hatte man wieder verschiedene Formen je nach dem Zweck, welchem die Boote dienten, und das Kanu eines jeden einzelnen Mannes war ein wenig verschieden von denen aller anderen. Wie Bogen und Pfeile des Indianers, so hatte auch sein Kanu etwas Persönliches, Individuelles, an sich.

Die Grössenverhältnisse sind ausserordentlich verschieden. Im Norden und Nordwesten waren die Boote nur klein: $3^1/_2 - 4$ m, und $2^1/_2 - 4^3/_4$ m werden als Längenzahlen angegeben. Mehr als zwei Personen konnten sie im allgemeinen nicht tragen, wurden aber ihrerseits mit Leichtigkeit von einem Manne über die Trageplätze geschafft. Auch die Kanus der Mississippi-Sioux hatten nur geringe Abmessungen: eine Flottille von 140 Fahrzeugen, die Hennepin sah, trug nur 250 Krieger. Aber für die Zwecke dieser Stämme waren sie leistungsfähig genug; nach einer erfolgreichen grossen Jagd war das ganze Geschwader mit Bisonfleisch beladen. Oft haben Beobachter in launigen Worten ihrem Erstaunen Ausdruck gegeben, was in einem Kanu von 3 bis 4 m Länge alles darinsteckte und was beim Landen alles herauskam: eine ganze Familie mit Hunden und Bagage, mit Proviant und Handelswaren. Ganz andere Zahlen finden wir bei den Algonquins des St. Lawrence-Beckens und bei den Irokesen. Ein Ulmen-Kanu der letzteren war durchschnittlich 3 bis 4 m lang mit Raum für 3 bis 9 Personen. Aber schon Champlain bemerkt, dass die Kriegs-Kanus der Irokesen mit 10, 15 oder 18 Mann besetzt waren, während wir aus späterer Zeit solche von 12 m Länge mit 30 Mann Besatzung kennen. An Handelswaren konnten sie etwa 1200 Pfund Felle und bis zu 200 Scheffel Getreide aufnehmen. Bei Einnahme einer Stürzladung, z. B. von wildem Reis, bei Algonquins und Sioux, musste übrigens mit der allergrössten Vorsicht verfahren werden, da bei der geringsten Gewichtsverschiebung nach einer Seite das Kanu nicht etwa bloss überhellte, sondern gleich umschlug.

Für die Algonquins finden sich ganz ähnliche Längenzahlen, aber ihre Boote waren gewöhnlich ein wenig breiter und daher leistungsfähiger für den Warentransport: 15—1600 Pfund und 3 Zentner sind gewöhnliche Ladungen. Der besonders bei spanischen Chronisten äusserst beliebte und anschauliche Vergleich, dass die Boote gerade breit genug seien, um eine „pipa" zu tragen, also ein Fass mit 400 Liter Wein, findet sich auch bei Champlain und Sagard. Die kleineren Boote hatten gewöhnlich 3 bis 4 Mann, die Handels-Kanus 8 bis 10 Mann Besatzung; 14 bis 15, 18 bis 24 Personen sind mehrfach gemachte Angaben. Die Schnelligkeit des Aufbruchs und die Verstauung eines ganzen Indianerdorfs in 200 Kanus hat Champlain's ganz besonderes Interesse erregt.

Die Fortbewegung erfolgte durch Pagajen, gegen starke Strömung unter Beihilfe von Staken, bei günstigem Winde durch kleine Segel

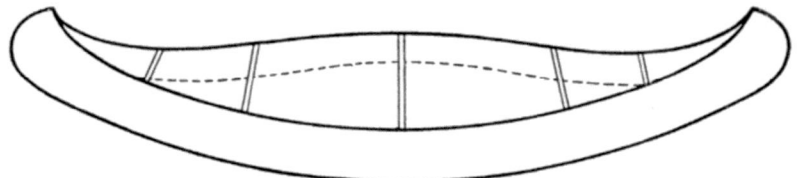

Birken-Kanu (Hudsons-Bai-Länder); nach Turner.

in Form von ausgespannten Decken, Fellen oder gar eines aufgesteckten Busches unterstützt. Reiste eine Familie für sich, so führte das Weib gewöhnlich die Steuer-Pagaje. In ruhigem Wasser wurde sitzend pagajet, in Stromschnellen kniend, gegen starke Strömung stehend. Die den Eskimo angrenzenden Athapasken benutzten zuweilen eine Doppel-Pagaje.

Fahrzeuge dieser Art hingen natürlich in ihrer Schnelligkeit und ihren Tagesleistungen in hohem Grade von Wind und Wetter ab. Unter gewöhnlichen Verhältnissen, bei ruhigem Wind und Wasser, legten sie am Tage rund 60 km zurück, eine Entfernung, die sich bei günstigem Winde, scharfer aber gleichmässiger Strömung, Fehlen von Trageplätzen, auf 80 km mit Leichtigkeit erweiterte und die in besonderen Fällen Zahlen von 110, ja 130 km erreicht haben soll. Ganz anders wurde das Bild bei Fahrt gegen Strömung und Wind; oft konnten die Kanus nur vermittelst Staken mühsam vorwärts gebracht werden, und hier und da erzwangen Wind und Wasser einen zeitweisen Halt.

Auch auf das Meer gingen die Indianer mit ihnen hinaus, die **Abenakis** machten Reisen bis zu 40 Seemeilen, verloren zwar nie die Küste aus den Augen, durchfuhren aber furchtlos weite Buchten von einem Kap zum anderen oder von Insel zu Insel. „Sie halten eine unglaublich hohe See aus," sagt Josselyn, „und schwimmen auf den Wogen wie ein Stück Kork"; sicheres Auge, gestählte Nerven und Übung von Kindheit an befähigten den Mann mit der Steuer-Pagaje sein Schifflein durch alle Gefahren hindurchzubringen. Glückte es aber nicht, dann brachte ihnen meist ihre Schwimmfähigkeit Rettung. „Fürchte nichts", sagten sie oft bei gefährlichen Fahrten zu Roger Williams, wenn der Gottesmann angesichts der tosenden See zu zagen begann, „wenn wir kentern, bringen wir dich sicher ans Land!"

Bei Benutzung der Kanus war die grösste Vorsicht erforderlich, ein ungeschickter Tritt verursachte Riss oder Loch in den dünnen Wänden, eine falsche Bewegung liess es umschlagen. Das Reisen in ihnen war daher höchst unbequem, wie die Missionare uns so oft erzählt haben. Aber der Indianer fühlte dies nicht oder vergass es über den vielen Vorteilen seines Schiffleins: es war sein Brotverdiener bei Jagd und Fischfang, sein „Schuh" auf der Reise, sein Schutzdach gegen Wind und Regen im Nachtquartier, sein Schild beim Erstürmen von Palisaden, der Stolz des Siegers bei der Regatta. Ein Birken-Kanu hielt sechs Jahre aus, ein Ulmen-Kanu nur einen Sommer.

In den Anfängen der europäischen Kolonien wurde alle Schiffahrt lediglich durch Indianer besorgt: die Kolonisten kamen mit ihren europäischen Booten in jenen Wildnissen mit ihren Stromschnellen und Trageplätzen nicht durch, und jahrelang hat es gedauert, ehe sie es lernten, sich das Birken-Kanu in grösserem Umfange nutzbar zu machen, das einzige brauchbare Fahrzeug in diesen Ländern. Die es nicht lernten, hatten nicht selten den grössten Nachteil davon, mochten sie nun Kolonisten sein oder Soldaten. Für den Verkehr im Norden wurden die Birken-Kanus von der allergrössten Bedeutung; die Händler, namentlich die „Voyageurs" der Pelz-Kompagnien, übernahmen sie von den Indianern, weil sie nichts Besseres an ihre Stelle zu setzen wussten. Die grossartige Entwicklung und ungemein mannigfache Verflechtung der Flusssysteme und Seenverbindungen Kanadas, die viele hundert Meilen weit in Wald, Prärie und Barren-Grounds hineinführen, wurden erst durch das Rindenboot nutzbar. Das Kanu hat Kanada erschlossen.

Ein ganz einzigartiges Birken-Kanu verfertigten die Beothuks auf **New Foundland**, die sich ja auch sonst als ein alleinstehender

Völkerrest darstellen. Ihre 4 bis 6 m langen und in der Mitte 1,20 bis 1,30 m breiten Kanus besassen keinen Boden, sondern zwei grosse Rindenstücke von der Form einer durch Längshalbierung gewonnenen Ellipsenhälfte, wurden mit ihren runden Rändern über einen gleichgeformten Stab, eine Art von Binnenkiel, so zusammengenäht, dass die beiden Teile flach übereinander lagen. Der offengebliebene obere Rand wurde dann durch zwei kleinere Kreissegmente so ausgeschnitten, dass in der Mitte eine Spitze stehen blieb. Zwischen die beiden

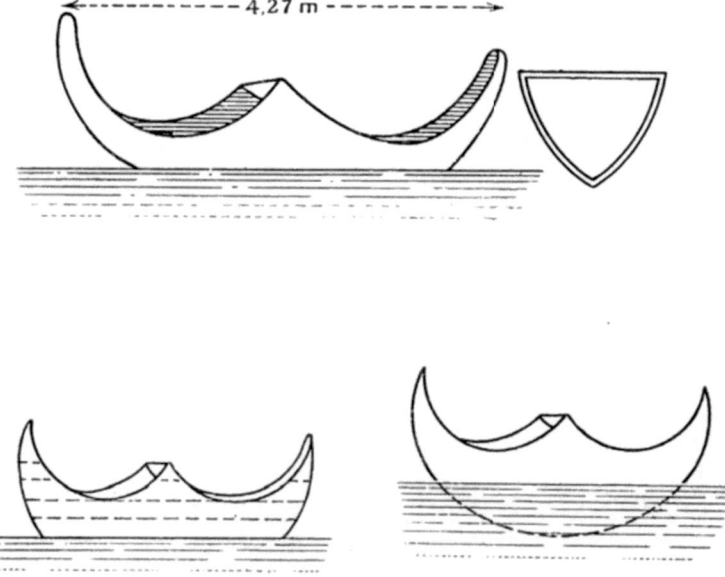

Beothuk-Kanus; nach Lloyd.

gegenüberstehenden Spitzen wurde ein Stab als Querversteifung eingefügt, der sowohl die beiden Bootsränder auseinander hielt, als auch verhinderte, dass sie sich zu weit öffneten. Je eine ähnliche, kleinere Querversteifung befand sich in der Nähe von Bug und Heck. Um dem Ganzen Festigkeit und Halt zu geben, wurden innen dünne Spanten und Längsspanten in ähnlicher Weise angebracht wie bei den übrigen Kanus. Es ist klar, dass dieses Gestell aufs Wasser gebracht, nicht mit dem Kiel nach unten schwimmt, sondern sich flach auf die Seite legt. Es erhielt daher den nötigen Steinballast; hierüber wurde Moos und Laub gelegt, und auf dieser Schicht knieten die Pagajer. Man

hat gesagt, dass die Streben abnehmbar gewesen seien, und dass das
Umnähen der Rinde um den Binnenkiel mit Hilfe von Leder scharnierartig ausgeführt war, so dass man das Kanu zum Transport einfach
zusammenklappen konnte. Lloyd hat dies wohl mit Recht bezweifelt.
Da die Fahrzeuge aber wie alle Kanus nach dem Gebrauch zur
Schonung aus dem Wasser genommen werden mussten, und sie sich
ihres grösseren Tiefgangs wegen bei flachem Strande dem Lande verhältnismässig fernhalten mussten, so war oft an Bug und Heck je eine
wagerechte Stange befestigt, die der Träger zum Transport auf eine
Schulter nahm. Eine ebensolche Vorrichtung findet sich auch bei
Einbäumen am Hudson. Es ist klar, dass diese Fahrzeuge mit ihrem
verhältnismässig tief unter dem Wasserspiegel liegenden Steinballast
bedeutend zuverlässigere Segler waren als die leichten und flachen
Kanus der übrigen Indianer. Vielleicht verdanken sie darum, auch
dem Streben, dies Ziel zu erreichen, ihre sonderbare, einzigartige Form.
Denn die Beothuks, gewöhnlich 4 bis 8 Köpfe Besatzung, darunter
immer ein Weib, gingen in ihnen unverzagt aufs Meer hinaus, 30 Seemeilen weit bis zur Insel Funks, auf der Suche nach dem grossen Alk
und nach Vogeleiern. Es erscheint somit nicht unwahrscheinlich, dass
die Beothuks zu segeln verstanden, bevor sich Cabot ihren Küsten
nahte; ein Zeugnis hierüber liegt aber nicht vor.

In Mittel- und Süd-Amerika war es genau wie im Norden: die
geographischen Verhältnisse diktierten in der Hauptsache die Art des
Schiffes. Während auf dem Isthmus Kanus nur selten gewesen zu
sein scheinen, spielten sie im Inneren Guayanas eine wichtige Rolle;
Accawais, Arecunas, Macusis, Waicas, Aruaks und Warraus hatten
überall da, wo flache, reissende Gewässer und Stromhindernisse waren,
Rinden-Boote. Das berüchtigte Räubervolk der Crichanas an den
Oberläufen von Paragua, Merevari, Orinoco und Ocamo machte in
Kanu-Flottillen seine Streifzüge. Gewöhnlich wurden diese Fahrzeuge
aus einem einzigen Stück der Hymenaea courbaril oder Copaifera
pubiflora hergestellt. Die natürliche Rundung der Rinde wurde sorgsam bewahrt: im Gegensatz zu dem Verfahren der Indianer NordAmerikas blieb also die Aussenseite der Rinde auch die Aussenseite
des Kanus. Durch Ausschneiden von sektorenförmigen Stücken vorn
und hinten und durch Hochbiegen und Zusammennähen des gebliebenen
Holzes wurden Bug und Heck dieser kunstlosen Gefährte gewonnen.
Zuweilen wurde eine Art von Dollbord-Leiste als Stütze des oberen
Bootrandes zugefügt, während Borkenstücke, als eine Art Flach

auf den Boden des Fahrzeugs gelegt, Schiffer und Gepäck gegen das Sodwasser schützten. Von den mannigfaltigen Namen, unter denen das Kanu in Brasilien weit verbreitet war und noch ist, dürfte Ubá der bekannteste geworden sein. Gonsalves da Fonseca, Richard Spruce und von den Steinen bezeichnen unter Ubá ganz ausdrücklich einen Einbaum, eine Canoa, während Varnhagen, Eduardo de Faria und Burton mit gleicher Bestimmtheit unter Ubá ein Rinden-Boot, ein Kanu, verstehen. Rodrigues Ferreira lässt das Wort für beide Typen gelten. Man sieht: dieselbe Verwirrung wie mit „canoa" und „piragua"! Auf die Worte „igá" und „igára" hat sie sich zum Teil fortgesetzt; von diesen kann man aber mit ziemlicher Bestimmtheit sagen, dass „igá" und „igára" in den Guaraní- und Tupí-Sprachen den Wert für „Boot" als Sammelbegriff darstellen, während z. B. ein Rindenboot

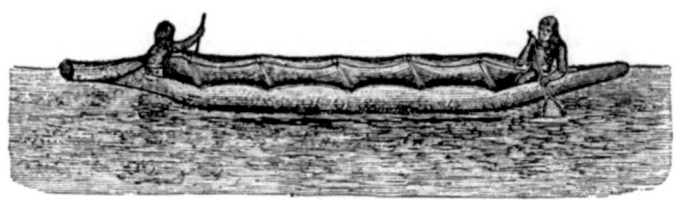

Kanu auf dem Amazonas; nach Camara.

im Guaraní „igáripé" heisst. Herkunft und Bedeutung des Wortes „ubá" sind mir unbekannt.

Zur Zeit der Entdeckung Brasiliens befuhren die Tupí das Meer mit Kanus, die bis zu 12 m lang waren und 30, ja 40 bis 50 Mann Besatzung führten; man würde dies für unmöglich halten, wüsste man nicht, welche ungeheuren Stämme die amerikanische Natur hervorzubringen vermag. Man sah Kriegs-Flotillen von 60 Fahrzeugen, die zwar nur bei ruhiger See fuhren und sich nicht weit vom Lande entfernten, die aber lange Küstenfahrten machten und Seeschlachten lieferten. In ihrer Form gleichen die brasilianischen Kanus den für Guayana beschriebenen. Um die enormen Rindenstücke für jene „halbzylindrischen Schläuche", wie sie Martius nennt, zu gewinnen, errichtete man an den Bäumen hohe Gerüste, die Hans Stade bei den Tupí am Meere genau so fand, wie Crevaux drei Jahrhunderte später im Hinterlande Guayanas. Nach dem Inneren Brasiliens zu wurden diese Fahrzeuge kleiner und wechselten auch ein wenig in den Formen; am Xingú fand sie von den Steinen bis zu 9 m lang, im allgemeinen aber waren sie kleiner und hatten nur Platz für 4 Personen mit Gepäck. Die am Xingú besassen einen spitzen Bug, aber breit abgeschnittenes durch leichtes halbbogenförmiges Einbiegen oder Einstülpen nach oben gehobenes Heck. Die Kanus auf dem oberen Mamoré, Chimoré und Beni waren vorn und hinten spitz. Bewegt wurden diese Boote in der üblichen Weise durch Pagajen; seltsam ist die Erwähnung von Doppel-Pagajen bei Léry, die, soweit ich sehe, allein dasteht, und vielleicht auf einem Irrtum beruht. Segel können diese Schiffleim nur unter ganz besonders günstigen Verhältnissen vertragen; holen sie viel Wasser über, dann gehen sie wegen der spezifischen Schwere der Rinde auf den Boden. Ihre Hauptvorteile sind ihre schnelle Verfertigung, ihr geringer Tiefgang und ihre Tragbarkeit bei Stromschnellen und Wasserfällen. Diese Eigenschaften bedingen ihre Verbreitung. Ein gutes Beispiel liefert der Madeira: sein Unterlauf bis etwa zum Aripoaná wurde mit Canoas befahren, von hier bis oberhalb der Fälle hatten die Indianer nur Kanus, während oberhalb dieser wieder, auf dem Guaporé, dem unteren Mamoré und allen Nebengewässern, soweit sie kaskadenfrei waren, Canoas im Gebrauch waren. Aber scharf sind solche Grenzen keineswegs. Die Muras und ähnliche Stromer und Räuber fuhren auf ihren Rinden-Booten bis zum Amazonas hinunter, machten seine Gewässer unsicher und liefern einen weiteren Beweis für die schon vorhin erwähnte Tatsache, dass der Typus der Boote kein Hindernis für Völkerverschiebungen bildet.

Eine besondere Art von Fahrzeugen, die eine Zwischenstellung zwischen Kanu und Canoa einnehmen, lieferten im Chaco länglich fassförmige Bombaceen, die Samuha eriodendron und Chorisia insignis; von den Matacos „yuchán" genannt. Ein solches Gewächs wurde gefällt, seiner Äste und Wurzeln beraubt und dann dem verbliebenen Stamm von der Form eines langgezogenen Eies der Länge nach eine Kalotte abgeschnitten. Der Inhalt von nicht viel grösserer Festigkeit als Holundermark wurde mit Leichtigkeit entfernt; die zurückbleibende, nach dem Austrocknen stark verhärtete Schale stellt ein Boot dar, das einer langgestreckten Nussschale nicht unähnlich ist. Wie Soares de Souza bezeugt, hat es auch an dem Küstensaum Brasiliens, in Ilhéos und am Rio Grande, dieser Art Kanus gegeben.

In der Magalhäes-Strasse, vom Ostausgang bis etwa zur Córdoba-Halbinsel waren Kanus im Gebrauch, die durch Material und Form nicht wenig an die Fahrzeuge der nördlichen Algonquins und Athapasken erinnern. Von der Gegend der Desolation-Insel nach Westen am Ausgang der Strasse, an der Westküste von Feuerland und in den südchilenischen Fjorden bis nach Chiloé hin herrschte das Plankenboot, die Dalca.

Unter den mannigfachen Nachrichten über das Kanu der Magalhães-Strasse sind vielleicht die besten die des spanischen Fregatten-Leutnants Ciriano Cevallos der Expedition Córdoba. Loaýsa scheint 1526 der einzige gewesen zu sein, der am Ostausgang bei den Patagoniern Rinden-Boote mit Walfisch-Spanten gesehen hat; denn diese Stämme waren wohl, wie die Onas auf Feuerland, nie grosse Wasserfahrer, wurden verhältnismässig sehr bald Pferdebesitzer und haben als Reitervolk nie wieder ein Boot betreten.

Ausser den Patagoniern werden die Ränder der Magalhães-Strasse und Feuerlands von drei der Sprache nach ganz verschiedenartigen Völkern bewohnt. Auf der ganzen Osthälfte von Feuerland, von der San Sebastian-Bai bis zur Le Maire-Strasse schweifen die Onas, männliche Erscheinungen, gross, kräftig, flüchtig. Sie zerfallen in zwei sich feindlich gegenüberstehende Gruppen, deren Grenze etwa eine vom Kap Peñas nach Westen gezogene Linie angibt. Die Onas des Nordens waren reine Guanako-Jäger und absolut wasserfremd; die Onas des Südens sind Ichthyophagen, ohne dabei Schiffer zu sein. Von dem Ostausgang des Beagle-Kanals nach Westen die ganze pacifische Küste entlang bis nach Norden hinaus über den Westausgang der Magalhães-Strasse und an dieser selbst wohnten, oder vielmehr fuhren die anderen beiden Völker, die Yaganes, Yahgans oder Yagones und Alacalufs, unansehnliche Erscheinungen, hässlich, krummbeinig, schwerfällig auf dem Lande. Abgesehen von den ganz verschiedenartigen Sprachen sind sie sich zum Verwechseln ähnlich. Es sind ausgesprochene Wasservölker. Man sieht: an der insellosen, schiffahrtfeindlichen Ostküste von Feuerland die wasserfremden Onas, die „Indios de á pié"; an der insel- und fjordereichen pacifischen Küste die geborenen Wasserratten, die „Indios de canoa". Wenige Tatsachen zeigen so schlagend wie diese, in wie hohem Masse die primitive Schiffahrt eine Funktion der Natur ist.

Das Gebiet der den Chonos nahestehenden Alacalufs reichte etwa von der Südspitze von Santa Ines-Insel bis über den Westausgang der Magalhães-Strasse nach Norden hinaus, während die Länder und Gewässer von genannter Insel nach Südosten bis zum Ostausgang des Beagle-Kanals, bis zum Kap Hoorn und zur entfernten Ildefonso-Gruppe den Yaganes zufielen. Den an den mittleren und mehr östlichen

Teilen der Magalhães-Strasse beheimateten Banden der letzteren gehörten in der Hauptsache die gleich zu erwähnenden Kanus zu, während die später zu besprechenden Plankenboote vornehmlich bei den Alacaluts beobachtet worden sind. Dies lässt aber keineswegs den Schluss auf eine reinliche Trennung zwischen diesen beiden zu, denn die Yaganes der pacifischen Aussenseite benutzten ebenfalls Plankenboote, während Alacaluts im Innern sehr wahrscheinlich Kanus hatten.

Die Kanus der Magalhães-Strasse sind aus Rindenstücken der antarktischen Birke in ähnlicher Weise zusammengenäht, wie die von Nord-Amerika. Bug und Heck laufen spitz nach vorn und oben, sind aber nicht schneckenförmig nach rückwärts gewunden wie bei jenen. Durch starke, von Dollbord zu Dollbord quer hinübergebundene Stäbe wurden die Kanuwände auseinander und in ihrer Lage erhalten. Sie erinnerten einen Beobachter an die kleinen Boote, die bei uns Kinder aus Erbsenhülsen, gewöhnlich Schoten genannt, zu machen pflegen. Die Fahrzeuge waren von $3^1/_2$ bis 6 m lang, etwa 1 m breit, und hatten Platz für 7 bis 8 Personen. Aber auch solche von mehr als 8 m Länge mit Raum für 12 bis 15 Personen werden erwähnt. Innen hatten sie ein sehr dichtes Gerippe von Spanten und Längsspanten, über dem ein Brett als Flach lag. Auf diesem Flach befand sich stets eine Art Herd aus Lehm oder Austernschalen aufgeführt, auf dem Tag und Nacht ein Feuer brannte. Bewegt wurden diese Kanus durch Pagajen; für günstige Witterungsverhältnisse war etwas Tau- und Segelwerk vorhanden, bestehend aus einem Seehundsfell und Seilen aus gedrehten Binsen. In einem Kanu, welches genau beobachtet wurde, pagajeten die Frau und der älteste Knabe, während der Mann das Sodwasser ausschöpfte und das Feuer unterhielt.

Die Dalca.

Auf die Kanus folgt das Planken-Boot, die Dalca, welche an der Küste Chile's vom Chiloé-Archipel bis Kap Hoorn verbreitet war. Die Dalca ist nachweisbar aus dem eben beschriebenen Kanu der Magalhães-Strasse entstanden. Wir haben einen Typus, von dem man nicht weiss, ob er ein Kanu oder eine Dalca darstellt, der also offenbar die Anfänge der letzteren vorführt. Dann haben wir Dalcas, deren Planken aus zollstarker Rinde sind, und schliesslich solche, welche Holzbretter als Planken haben. Diese letzteren stellen, vom schiffstechnischen

Standpunkt aus betrachtet, den am meisten vorgeschrittenen Typus aller primitiven amerikanischen Wasserfahrzeuge dar. Sie waren aber nicht annähernd so leistungsfähig, wie die später zu behandelnden Piraguas, die auf einem anderen Wege diese Entwicklungsstufe vom Boot des Naturmenschen zum Schiff der Kultur zurückgelegt haben.

Die Dalcas waren 4 bis 8 m lang, in der Mitte 1 bis 1,20 m breit und 0,90 bis 1 m tief; sie boten Platz für 9 bis 12 Personen. In ihrer Gestalt glichen sie den einfachen Fischerbooten und flachen Kahnfähren, die man noch heute vielfach auf den Flüssen und Seen Europas antrifft. Zum Bau wurden drei Stücke zollstarker Fichten- oder Araucaria-Rinde oder ebensolche Bretter verwendet. Das Bodenstück verjüngte sich von der Mitte aus in ganz leichten Bogenkrümmungen nach den Enden zu, welche mit Hilfe von Feuer nach oben gebogen wurden und Vor- und Achtersteven des Bootes darstellten. Auf dieses Bodenstück wurden nahezu senkrecht die beiden anderen Planken als Bootswände aufgesetzt; sie verjüngten sich ebenfalls nach den Enden und mussten, um den Linien des Mittelstückes folgen zu können, gleichfalls leicht gerundet sein. Am Bug und Heck trafen sich die drei Planken, oder trafen sich wenigstens nahezu, je nachdem das Bodenstück ganz spitz zulief oder eine geringe Breite behielt. Die einzelnen Stücke waren mittelst zäher Pflanzen, die im Wasser schwer faulten, zusammengenäht; die Löcher hierzu wurden vorher mit Hilfe von Feuer gebohrt. Mit verschiedenen Pflanzenstoffen als Werg und mit geschmolzenem Harz wurde gründlich kalfatert. Von innen wurde das Fahrzeug durch ein System von Spanten und Längsspanten gestützt, die im Durchschnitt halbkreisförmig waren und mit ihrer flachen Seite auf der Rinde dicht auflagen. Am oberen Rande lief eine Art von Dollbord-Leiste, welche die Spantenköpfe zusammenhielt. Innen war die Dalca mit einer Wegerung ausgefüttert, Binnenplanken aus Borke, über die ausserdem am Boden noch ein Flach gelegt wurde, in dem sich ein Loch für die Reinigung des Schiffssods befand. Auf dieses Flach wurde in der Mitte eine 6 Zoll starke Lehmschicht gelegt, die zugleich als Ballast diente und als Herd für das wenigstens im Süden nie fehlende Feuer. Querhölzer als eine Art von Duchten vervollständigten die innere Einrichtung der Dalca und zerlegten sie in eine Anzahl von Abteilungen. Wie in diesen der Dienst geregelt war, hat Weddell recht anschaulich beschrieben. Im vordersten Abteil lag das Fischgerät, im zweiten sass das Weib mit der Schlag-Pagaje, im dritten befand sich der Feuerherd; im vierten hockte ein Mann, der durch das Loch im Flach das Sodwasser ausschöpfte, denn diese Fahrzeuge machten andauernd viel Wasser. Im nächsten Raum saßen die Männer, während sich im sechsten der Platz für das W[...] und der Steuer-Pagaje befand. Am Heck endlich war der Platz für das Hausgerät, Waffen und Zeug der Dalca, bestehend aus einem kleinen Mast mit Raa, Seehundsfellsegel und Binsentauen. Diese Dalcas waren so zierlich und sauber gebaut, dass sie Drake und seinen Seeräubern, die wohl ein Urteil darüber hatten, nicht zum Gebrauch für Barbaren, sondern als Lust-Gondeln für einen Fürsten erbaut zu sein schienen. Die Indianer befuhren in ihnen mit einer Kühnheit die See, welche die Bewunderung von Córdoba erregte, der aber trotzdem nicht ansteht, diese vorgeschrittenen Bootbauer und unverzagten Seeleute als Menschen der alleruntersten Stufe zu bezeichnen, als Geschöpfe, „die nicht weit über dem Tier stehen".

Im Innern ist die Dalca bis zu den Pehuenchen am Nahuelhuapi in das Reich der Balsa vorgedrungen, und auf ihrem Hauptgebiet an der Küste ist sie stellenweise nicht unerheblich verbessert worden, aber überall wohl erst in nachkolumbischer Zeit. So waren im Chiloë-Archipel im 18. Jahrhundert aus den drei Planken fünf geworden, und statt der Pagajen bediente man sich der Remen, nur unter Beibehalt der Steuer-Pagaje. An einer späteren Stelle, unter den Piraguas, wird das Boot der Santa Barbara-Indianer beschrieben werden, welches nach den ältesten, aber nicht sehr deutlichen Berichten der südchilenischen Dalca sehr ähnlich zu sein scheint. Da es aber später als ein Fahrzeug nach Art der Nootka-Boote gekennzeichnet wird, so fasse ich es als eine Art Piragua auf, wenn auch nicht ohne Bedenken.

Beachtet man, dass gar nicht so lange vor der Entdeckung Amerikas keine anderen Fahrzeuge als genähte arabische und indische Dhaus und chinesische Dschunken die Meere von Süd- und Ostasien befuhren, so wird man in der kleinen Dalca eine Erscheinung erblicken, welche die primitive Schiffahrt Amerikas der vorgeschrittenen Alten Welt ein wenig näher bringt.

Das Fell-Boot.

In den wenigen Fällen, wo wir Fell-Boote, Kajaks oder Umiaks, im Besitz von Indianern finden, sind sie nachweisbar unmittelbar von den Eskimos gekauft oder wenigstens nach Eskimo-Muster gebaut worden. Dieser Satz ist im allgemeinen so richtig, dass, wo immer in alten Berichten von Eingeborenen in Fell-Boten gesprochen wird, deren ethnische Zugehörigkeit im übrigen zweifelhaft bleibt, man Berechtigung zu der Annahme hat, dass es sich um Eskimos handelt. Die athapaskischen Kinai in Alaska hatten z. Z. von Wrangell noch ihre Birken-Kanus, befuhren aber ausserdem in Kajaks das Meer; ihre Sprachgenossen, die Atuahs am Kupferfluss, bauten geräumige Umiaks. In beiden Fällen waren diese Fell-Boote im Handel von den Eskimos erworben oder ihnen abgesehen worden. Die sporadischen Fell-Boote inmitten des Balsa-Gebiets von California waren durch die Russen und ihre barbarische Gefolgschaft aus dem Norden mitgebracht worden.

Die Micmacs auf New Foundland haben bis in die neueste Zeit hinein für ihre Jagdzüge eine Art von Umiaks aus Renntierfellen hergestellt, die bis zu 5 m lang und 1,20 m breit waren, und 600 bis 700 Pfund Gewicht trugen. In ihrer alten Heimat auf dem Festlande aber, weiter entfernt von den Eskimos, ist ein solches Fahrzeug nie bemerkt worden.

Während der französisch-englischen Kolonialkriege wurden im Norden zuweilen für Militär-Transporte Boote aus Elch-Fellen benutzt.

Die Canoa.

Wie bereits dargelegt, wird in dieser Abhandlung unter Canoa der einfache amerikanische Einbaum ohne schiffstechnische Verbesserungen, ohne Kiel und ohne Plankenaufsatz, verstanden. Piragua dagegen bezeichnet den vorgeschrittenen Typus. Das Wort „canóa" stammt aus der Caraiben-Sprache, in der es ursprünglich das verbesserte Boot bezeichnete, welches wir jetzt Piragua nennen. Der Ausdruck für den einfachen Einbaum war „coulialla" oder „couliala". Dieses Verhältnis hat sich noch jetzt in Guayana erhalten, wo die Piragua teils Canoe, teils Pirogue genannt wird, während der Lokalname für den Einbaum „kuljara", „couillara", „corjaal" oder „corial" ist. Die ersten beiden Formen gehören dem Aruak-Sprachschatz an, dem das Wort „canoa" völlig fremd ist. Die Verschiebung des Akzents auf die letzte Silbe, die sprachlich immerhin auffällig ist, deutet vielleicht Breton schon an, der einmal „couliála" betont. Bemerken möchte ich noch, dass Solís im Gegensatz zu allen übrigen Quellen zweimal ausdrücklich „cánoa" betont; hierin ist er offenbar im Irrtum.

Andere häufig gebrauchte Bezeichnungen für canoa sind culcha, „acalli" und „almadia" oder „almadi". Culcha ist auf dem Isthmus heimisch, während acalli das Nahua-Wort für Kahn ist, dessen Wurzel sich dort auch in anderen Ausdrücken der Seemannssprache, wie Pagaje und Bootfahren wiederfindet. Almadia endlich gehört dem portugiesischen Sprachschatz an, scheint aber dort ein Lehnwort zu sein. Den portugiesischen Chronisten des Zeitalters der Entdeckungen ist es ganz geläufig; sie bezeichnen mit dem Wort unterschiedslos kleine Eingeborenen-Fahrzeuge von jedem Typus, ganz gleichgültig, ob sie nach Afrika, Asien oder Amerika hingehören. Spanische und englische Seeleute haben dann dies Wort übernommen.

Acalli, Almadia und auch wohl Culcha scheinen für die Conquistadoren stets den Begriff des „Kleinen" in sich getragen zu haben, im Gegensatz zu Piragua, das die Vorstellung von einem grossen, mächtigen Eingeborenen-Boot erweckte.

„Weidling" ist die von süddeutschen Missionaren des 17. und 18. Jahrhunderts häufig benutzte Bezeichnung für Canoa.

An der New England-Küste war die geographische Grenze zwischen Kanu und Canoa etwa in der Gegend von Kap Ann. Nördlich dieses Punktes, bei den Etschemins und Micmacs, hat Champlain auch nicht einen einzigen Einbaum jemals bemerkt, während die Massachusetts-Indianer beide Arten herstellten, wobei das Holz-Boot bereits in der Mehrheit war. Weiter nach Süden verschob sich das Verhältnis immer mehr und mehr zugunsten des Einbaums; denn brauchbare Birken-Rinde und schliesslich auch Ulmen- und Weisseichen-Rinde wurden immer seltener, während die südliche Natur mächtigere Stämme für Canoas vorzubringen vermochte. In Virginia finden sich daher eigentlich nur noch Einbäume, und in den ganzen Südstaaten der Union zu beiden Seiten des Mississippi hat die Expedition de Soto auch nicht ein einziges Rinden-Boot angetroffen. Dagegen fanden die Spanier am Unterlauf des Mississippi bei Sioux- und Muskhogee-Völkern die schönsten, grössten und zahlreichsten Canoas von ganz Nord-Amerika, ausgenommen die Nordwestküste. Dass die Eingeborenen von „Tierra de Ayllón", den heutigen Carolinas, keinerlei Boote besessen haben sollen, wie Petrus Martyr behauptet, beruht sicherlich auf falscher Deutung. Bei Herrera klingt der Bericht jedenfalls ganz anders, auch lässt unsere Kenntnis aus späterer Zeit nicht die Auffassung zu, dass diese Indianer in irgendeiner Weise wasserfremd gewesen seien. Im Gegenteil, wir werden sehen, dass sie z. T. sehr unternehmungslustig waren.

Von Florida nach den Florida Keys und nach den Bahama-Inseln bestand Handelsverbindung in vorkolumbischer Zeit, während regelmässige Fahrten nach Cuba wohl erst dem 17. und 18. Jahrhundert angehören.

Nördlich dieses grossen Canoa-Gebiets, dem sich die Küstenländer von Texas mit sehr rohen, aussen nicht einmal geglätteten und der Borke entkleideten Einbäumen anschliessen, besassen in Ohio, Indiana und Illinois die Algonquins beide Typen von Booten; je weiter nach Westen dem Mississippi zu, desto mehr wuchs die Zahl der Einbäume. Weiter im Norden besassen die Sauks und Foxes früher überhaupt keinerlei Fahrzeuge, die Sioux nur kleine Kanus. Im 18. Jahrhundert befuhren die Raubbanden der Sauks und Foxes in Birken-Booten die Flüsse, während sie im ersten Drittel des 19. Jahrhunderts in der Hauptsache flache Einbäume hatten. Auch die Wisconsin- und Minnesota-Sioux, die früher Kanus hatten, besassen um diese Zeit Einbäume. Man beachte diesen bemerkenswerten Wechsel, der sicherlich eine Erklärung darin findet, dass bei an sich für Kanu und Canoa etwa gleich günstigen Naturbedingungen der dauerhaftere Einbaum das zerbrechliche Birken-Boot schlagen musste, sobald er mit Hilfe europäischer Instrumente müheloser, schneller, eleganter und leichter hergestellt werden konnte.

Dass auch in den Stammlanden, wenn man will, der Birken-Kanus, an den kanadischen Seen, sporadisch Canoas vorkommen, beweist der Einbaum vom Oberen See im National-Museum zu Washington. Vereinzelt kamen auch Canoas auf den Flüssen der westlichen Prärien und Plains und auf dem Colorado vor, wie die Tatsache beweist, dass man im Wortschatz dort ansässiger Stämme zuweilen ein einheimisches Wort für Einbaum findet. Im allgemeinen aber behalfen sich, wie bereits dargelegt, alle diese Indianer mit Bull-Booten und Balsas und waren z. T. so wasserfremd, dass die fischessenden Kiowas in dieser Eigenschaft eine Ausnahme unter allen ihren Nachbarn gebildet haben sollen.

Die Art der Herstellung der Canoas war in allen Fällen nahezu genau die gleiche. Konnte man sich eines entwurzelten oder angeschwemmten Stammes bedienen, so tat man es natürlich mit Vorliebe. Im übrigen wurden die Stämme mit Hilfe von Feuer und Steinbeil gefällt. Dass man Stämme ausgegraben hätte, wie dies die Einbaum-Bauer des

Aegeri-Sees taten, um das durch Zähigkeit und Haltbarkeit besonders
ausgezeichnete Bodenstück für das Boot mitzuverwenden, habe ich
nie gelesen. Das Feuer machte das Holz mürbe, bereitete es
für die stumpfe, primitive Axt vor; nasse Lappen oder Rinde
verhinderten, dass es zu weit nach oben um sich griff und Teile
des zukünftigen Bootes beschädigte. Feuerglühende Steine, heisses
Wasser und Steinbeil halfen den Einbaum bearbeiten und aushöhlen.
In New England verwendete man zum Bootbau Kiefern-, Eichen-
und Nussbäume, in New York, New Jersey, Delaware, Pennsylvania Weisstanne, zwei Ceder-Arten (Juniperus virginiana und
Cupressus thyoides), ferner eine Kastanien-Art, weisse Eiche und
Tulpenbaum. Die Ceder-Canoas hielten 20 Jahre aus, die aus
Eiche nur 4 bis 6 Jahre, die aus Tulpenbäumen hergestellten
vielleicht noch weniger. In den Südstaaten verwendete man im
allgemeinen Ceder-Arten, in Florida besonders Cupressus disticha.
Der Grösse nach waren sie natürlich ihrem Zweck entsprechend
sehr verschieden, von den kleinen Fischerbooten mit Platz für 3 bis
4 Personen bis zu 12, ja 15 m langen Kriegs-Canoas mit 40 bis
50 Mann Besatzung. Bossu spricht sogar von 60 Mann. 225 Scheffel
Getreide werden als die Last angegeben, welche eine grössere
Canoa auf dem Hudson zu tragen vermochte. Wie die Grössen,
so wechselten auch die Formen: in Virginia waren Bug und Heck
gleichmässig flach abgerundet, in Georgia ähnlich, nur war Bug
spitzer als Heck. Noch weiter im Süden, am Golf, zog man einen
spitzen Vorsteven vor, dagegen ein zumeist rechtwinklig abgeschnittenes Heck. Auf alten holländischen Stichen aus dem ersten Drittel
des 17. Jahrhunderts mit Abbildungen von Nieuw-Amsterdam finden
sich Canoas der Hudson-Algonquins, deren Vor- und Achtersteven
zunächst unter einem Winkel von 45° bis über den oberen Bootsrand
hinaus in die Höhe gehen; dann biegen sie nach vorn und hinten zur
wagerechten, also mit dem Wasserspiegel parallelen Richtung um und
endigen in je einem Knopf. Beauchamp, welcher einen solchen
Typus abbildet, hat die recht einleuchtende Vermutung ausgesprochen,
dass diese Ansätze dazu gedient haben könnten, das Boot zum
besseren Transport über die Trageplätze auf die Schultern der Träger
zu legen.

Sitze hatten diese Boote gewöhnlich nicht, um den Schwerpunkt
nicht zu weit nach oben zu verlegen; die Pagajer hockten auf dem
Boden.

Abgesehen von der pacifischen Küste hat man es in ganz Nord-Amerika nicht zur Piragua gebracht; die „toldos", welche de Soto's Begleiter auf einzelnen Canoas der Uferbewohner des Mississippi bemerkten, waren weiter nichts als eine Art von Sonnensegel.

Die Nordwestküste von Nord-Amerika bildet ein ausgedehntes Verbreitungsgebiet der Canoa, das sich vom St. Elias-Berge als Nordgrenze bis etwa zum Kap Mendocino im Süden hinzog. Innerhalb dieses grossen Raumes herrschten natürlich ganz erhebliche Unterschiede in Formen, Grösse und Leistungsfähigkeit. Während z. B. die Shahaptischen Stämme oberhalb der Dalles des Columbia-Flusses sich mit höchst einfachen Einbäumen behalfen, besassen die Chinooks an seinem Unterlauf allein fünf bis sechs elegante Sorten. Auch die Modocs und andere Banden in der Rogue-River-Gegend hatten nur

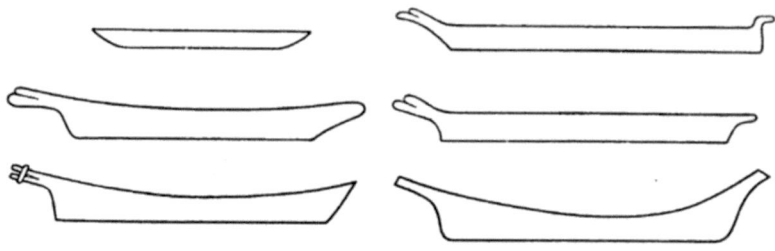

Canoas der Thompson-Indianer; nach Teit.

rohe und plumpe Fahrzeuge, während die Klamath zwar nur einfache, aber doch recht leistungsfähige Ceder-Canoas mit abgerundetem Bug und Heck besassen. Die Athapasken von Nordwest-California am Smith-Fluss sind mit einer 12 m langen und 2½ m breiten Canoa in der Nähe von Cap Mendocino angetroffen worden; sie konnte 24 Mann oder 5 Tonnen Ladung tragen. Während die Thompson-Indianer in Britisch-Columbia mit sechs verschiedenen Typen von Canoas eine Art Seitenstück zu den Chinooks bilden, behalfen sich andere Stämme der Fraser- und Peace-River-Gegend mit ganz primitiven Einbäumen. Hier war, wie schon dargelegt wurde, ein Grenz- und Mischgebiet von Canoa, Kanu und Balsa.

Solchen Gegensätzen in verhältnismässig begrenzten Räumen steht der grosse Unterschied zwischen den Fahrzeugen des Nordens und des Südens gegenüber; die Canoas südlich des Columbia-Flusses können sich mit den nördlichen kaum vergleichen lassen. Auch in der nördlichen Gruppe findet ein Nachlassen der Qualität von Norden nach Süden statt. Gute Bootbauer in ihrer Art waren die Makah am Kap Flattery, die Wakash auf Vancouver und Umgegend, die Tlinkit und ganz besonders die Haida; sie haben vielleicht die schönsten Fahrzeuge des ganzen primitiven Amerika geliefert.

Bei den Stämmen etwa vom Columbia bis nördlich zum St. Elias-Berg kann man im allgemeinen drei Gruppen von Fahrzeugen unterscheiden, Jagd- und Fisch-Canoas, Familien-Canoas und Reise- oder Kriegs-Canoas.

Die Jagd- und Fisch-Canoas, leicht tragbar, nur für 2 bis 3 Personen bestimmt, sind auf der ganzen Linie von gleichem oder sehr ähnlichem Typus. Die Familien-Canoas, 7½ bis 10½ m lang und 1,2 bis 1,8 m breit, haben Raum für 4 bis 15 Personen mit ihrem ansehnlichen Hausrat und Reise-Proviant. Sie unterscheiden sich meistens durch die Form von Bug und Heck nicht unwesentlich voneinander.

Haida-Canoa: nach Wilkes.

Die Reise- und Kriegs-Canoas, bis zu 20 m lang und 2½ m breit, sind fast immer Piraguas, d. h. sie haben Planken-Aufsatz am Bug und Heck oder zuweilen über den ganzen Bord hinweg. Auf sie wird daher erst später eingegangen werden.

Im übrigen ist hier eine reinliche Trennung nicht zu machen: Übergänge zwischen den Familien-Canoas und den Piraguas waren vorhanden. Erstere waren nämlich sehr häufig nicht in ihrer ganzen Gestalt aus einem einzigen Stamm hergestellt, sondern herausragende Vor- und Achtersteven, oder doch wenigstens ihre Topstücke, wurden besonders geschnitten und dann dem Rumpf angefügt. Wurde nun ein solcher Vorsteven oder Achtersteven so weit ausgedehnt, daß er den Leuten im Bug und dem Mann am Ruder ein wenig Schutz gegen feindliche Geschosse gewährte, so fragt es sich, ob ein solches Boot noch eine Canoa oder schon eine Piragua ist. Auch die Reparaturen, welche die Nordwest-Indianer an ihren Canoas vorzunehmen verstanden, haben etwas von der Kunst des Piragua-Baues an sich: schadhafte Stücke der Boots-wand wurden herausgenommen und so geschickt durch neue ersetzt, dass das Fahrzeug seine volle Leistungsfähigkeit behielt und der Schaden kaum zu sehen war.

Das beste Bauholz lieferte die gelbe Ceder (Chamaecyparis nutkaensis) der Königin Charlotte-Inseln und der Südgrenzen von Alaska. Sonst wurde für kleinere und mittlere Boote die Sitka-Fichte (Picea sitchensis), und für die grossen Canoas und Piraguas die rote oder Riesen-Ceder (Thuja gigantea) benutzt. Wie überall, so waren auch hier die Hilfsmittel zum Bau: Feuer, Steinbeil und Schaber zum Fällen und Aushöhlen, heisses Wasser zum Aufweiten der mürbe gemachten Schiffswände. Querhölzer halfen beim Auseinanderpressen und erhielten die Wände bis zum Trocknen in ihrer neuen Lage. Man verstand es in den zu fällenden Baum auf der Windseite ein Loch so einzuschlagen, dass sich das dort angezündete Feuer langsam nach innen hineinfrass, bis nach einigen Tagen der Stamm stürzte. Die unteren Thompson-Indianer warfen in das mittelst glühender Steine in der Canoa-Höhlung gekochte Wasser getrocknete Lachsköpfe. Während eines 24stündigen Kochens nahmen die Bootswände das Öl der Lachsköpfe auf und wurden so schmiegsamer und weniger geneigt zu platzen oder zu brechen.

Dicke Stöcke wurden in halber Bootshöhe als eine Art von Duchten befestigt und dienten den Pagajern als Sitze. Der Ehrenplatz war hinten an der Steuer-Pagaje; er wurde gewöhnlich durch ein Weib oder einen bejahrten Mann ausgefüllt. Die Verwendung der Segel hat man erst von den Europäern gelernt.

Die Aussenwand wurde mit Hilfe von Feuer und ihrer Instrumente möglichst glatt gemacht und dann mit einer schwarzen Ölfarbe überzogen; diese Farbe war in Verbindung mit dem Brand ein recht wirksames Mittel gegen den Bohrwurm. Innen wurden die Boote mit leuchtenden Farben, am liebsten mit Rot, bestrichen. Die Stevenköpfe waren geschnitzt und verziert; ein Menschen- oder totemistischer Tierkopf bildete gewöhnlich das Topstück des Vorstevens. Ornamentale Ausschmückung der Aussenwand durch Seehunds-, Renntier- oder Rotwildzähne war sehr beliebt. Ein Handel mit Canoas von Stamm zu Stamm war sehr verbreitet; er hat besonders nach Ankunft der Weissen zu grossen Verschiebungen geführt und hilft uns erklären, wie sich so verschiedenartige Typen an demselben Orte finden können. Denn die Indianer machten weite Kriegs- und Handelsfahrten, zumal in ihren Piraguas; Fahrten von Sitka nach den Königin Charlotte-Inseln und wiederum von hier nach Vancouver und den

Küstenplätzen am Puget Sund waren ihnen ganz geläufig. An den Seiten der Canoas wurden in solchen Fällen häufig Schwimmblasen befestigt, um bei Unfall auf hoher See ihre Schwimmfähigkeit zu erhöhen.

In der Gegend etwa des Kap Mendocino begann das grosse Balsa-Gebiet von California, das sich mit Ausnahme der Küsten und Inseln des Santa Barbara-Kanals bis nach Sinaloa in Mexico hinabzog. Das mittlere und südliche Mexico, sowie das ganze Mittel-Amerika bildeten ein grosses Verbreitungsgebiet der Canoa, obwohl,

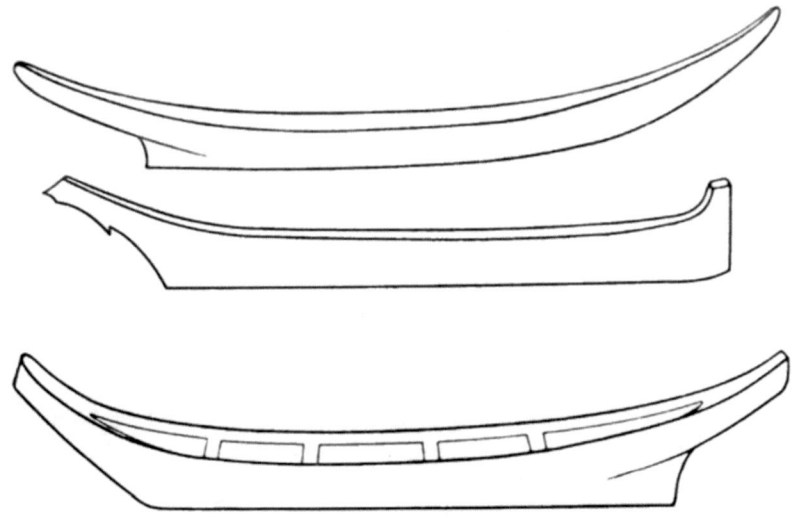

Canoas der Nordwest-Indianer; nach Niblack.

wie gezeigt worden ist, die Balsa hier nicht fehlte, und auf dem Isthmus sporadisch Rinden-Boote vorkamen. Wie schon Nata, der Noah Mexico's, der Sage zufolge mit seinem Weibe Nena in einem ausgehöhlten Zypressen-Stamm die Grosse Flut überstanden haben soll, so war auch für seine Nachkommen auf allen Wasserstrassen zum Reisen, zum Handel, zum Kriege die Canoa das wichtigste Gefährt. In Mexico und im nördlichen Mittel-Amerika wurde gleich in den ersten Jahren der Conquista die Canoa am Rio Santander, in Pánuco, bei den Tarascos auf der Laguna de Chapala, an der ganzen Vera Cruz-Küste, in Tabasco, Campeche und Yucatán festgestellt. Als Cortés nach Coatzacoalcos kam, waren 300 Canoas zu seinem Empfange zugegen. Weiter im Inneren fand man sie am Rio Mescalapa in

Chiapas, in Guatemala auf der Laguna de Atitlán, in Vera Paz, bei den Lacandones, auf der Laguna de Petén und am Golf von Honduras. Die damals bewohnten, später verödeten Roatan-Inseln unterhielten einen lebhaften Handelsverkehr nach dem gegenüberliegenden Festland von Truxillo; eine ganze Kriegs-Flotille der Roatan-Insulaner wurde von Cortés beobachtet. Die berühmte Handels-Canoa von Yucatán, die Columbus auf seiner vierten Reise an dieser selben Stelle traf, war so „lang wie eine Galeere", $2^1/_2$ m breit und trug eine Mattenhütte für Passagiere und Waren. Auf dem See von Tezcuco schwärmten die Acallis, „die schwimmenden Häuser", in unglaublichen Massen umher; 50000 sollen es nach Herrera gewesen sein, und wenn diese Ziffer auch stark übertrieben erscheint, so zwingt doch die niedrigste Angabe für die Zahl der täglich nach Mexico kommenden Marktboote, nämlich 2000, zur Annahme einer sehr hohen Gesamt-

Maya-Boot; nach Stephens.

ziffer. Die Schilderungen der Conquistadoren von der Unzahl der mit Neugierigen besetzten Canoas, als sie zum erstenmal in Mexico einzogen, von ihrer Rolle bei den Kämpfen zu Wasser und zu Lande, so bei Cuitlahuac, und besonders die Darstellung ihrer verhängnisvollen Tätigkeit während der „Noche Triste" sind höchst wirkungsvoll. In den Lustgärten der Azteka-Grossen fand man sie als Vergnügungs-Gondeln. Später, als das Land durch die Wirren der Conquista entvölkert und verödet war, als sich reissende Tiere in gefährlicher Weise vermehrt hatten und scharf gemacht durch den Genuss von Menschen- und Leichenfrass die Landwege unsicher machten, da waren in vielen Gegenden Mexicos die Canoas tatsächlich das einzigste Verkehrsmittel. Motolinía hat dies packend geschildert und auch von ihren Seefahrten erzählt, die sie von Insel zu Insel und an den Küsten entlang unternahmen. Je weiter man sich vom Innern aus dem Meere nähert, desto grösser, sagt er, werden die Canoas.

Weiter nach Süden in Mittel-Amerika finden wir die seetüchtigen Mosquito-Indianer mit ihren bis zu 15 m lang werdenden Doris aus

Cederholz und den kleineren Pitpans aus Ceder oder Mahagoni. Dann die wasserfreudigen Talamanca-Indianer, die Guaimies der Laguna de Chiriqui, die schon Columbus mit einer stattlichen Flottille begrüssten, die Küstenbewohner von Veragua und der Isthmus-Gegenden mit ihren „Bongos" am Chagres. In Uraba gab es Canoas, die 50 bis 60 Mann trugen. Die Fahrzeuge der Islas de las Perlas werden von den Conquistadoren als die besten bezeichnet, die sie nach denen der Antillen gesehen hatten; Bartolomé Hurtado traf eine grosse Kriegs-Flottille dieser räuberischen Inselbewohner. Zwischendurch fand man allerdings auch hier und da weniger gute Schiffer; so scheinen die Indianer von Cariari, Punta de Castilla, auf der Grenze von Nicaragua und Costa

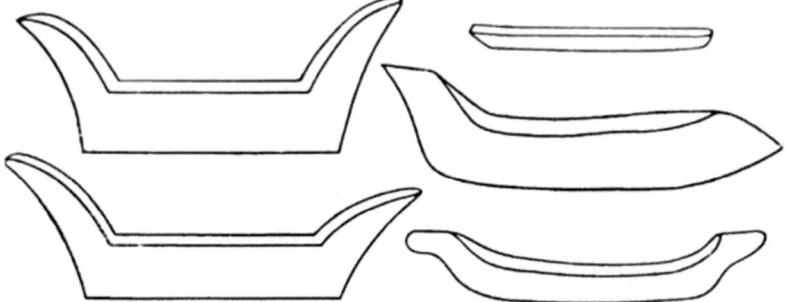

Nahua-Fahrzeuge; nach Abbildungen in Códices.

Rica, z. Z. von Columbus gar keine oder doch nur wenige Fahrzeuge besessen zu haben. Manche der grösseren und besseren dieser Fahrzeuge von Mexico und Mittel-Amerika waren sicherlich Piraguas, obwohl es aus den Beschreibungen nur unklar zu entnehmen ist. Für Mexico jedoch sind die Angaben ganz bestimmt: nicht nur die Conquistadoren unterschieden Piraguas und Canoas, sondern auch aus den Abbildungen in den Códices ist dies unmittelbar zu entnehmen. Zwar scheint ein sehr grosser Teil aller Nahua-Canoas sehr steilen Vor- und Achtersteven besessen zu haben, aber es ist ausgeschlossen, dass ein so hoher Bug und so steiles Heck, wie sie viele Fahrzeuge in den Abbildungen zeigen, mit dem Rumpf zusammen aus einem Baumstamm geschnitzt waren. Vielmehr war dies der „tablazón", der Plankenaufsatz der Berichte, der im Kampfe den Kriegern am Bug und Heck ein Schild gegen feindliche Wurfgeschosse war und der das Fahrzeug zu einer Piragua stempelt.

Im übrigen waren auch die Canoas unter sich offenbar recht verschieden; die Abbildungen lassen mindestens vier Typen erkennen: 1) ganz einfache flache Einbäume; 2) Canoas mit flachem Heck, aber hochstehendem Vorsteven; 3) solche mit mehr oder weniger ragendem Bug und Heck, und 4) Canoas, deren Vorsteven durch einen grossen geschnitzten Tierkopf ersetzt ist.

Als tüchtige Seefahrer besassen die Aruaks der Grossen Antillen und der Bahama-Inseln Canoas von allen Grössenverhältnissen, aber sie waren offenbar nicht bis zur Piragua vorgeschritten. Die Bewohner von Puerto Rico sollen keinerlei Fahrzeuge besessen haben, wenigstens befuhren sie nicht die See; hingegen besassen die Indianer von Jamaica die grössten und schönsten Canoas unter allen Insel-Aruaks. Das Volk von Puerto Rico war durch die Caraiben völlig vom Meere weggefegt worden und hatte nach Annahme von Bogen und Pfeil eine leistungsfähige Landmacht ausgebildet. Jamaica dagegen lag von dem Zentrum der Caraiben-Macht, Guadeloupe, Dominica und Martinique, so weit entfernt, dass es den angegebenen Entfernungszahlen zufolge gerade noch von den caraibischen Räuber-Flottillen erreicht wurde. Dies genügte, wie ihre Haltung beim Erscheinen der spanischen Schiffe zeigt, um ihnen einen trotzigen, kriegerischen Geist zu erhalten, der ihnen das Übergewicht über die durch die lange Entfernung erlahmte Stosskraft der Caraiben sicherte. Im übrigen werden sie von Anfang an die seetüchtigsten aller Insel-Aruaks gewesen sein; denn die, welche bei den Wanderungen am weitesten von der Heimat vorgedrungen sind, werden auch die besten Seeleute gewesen sein. Navasa ist vom Kap Tiburón aus zu sehen, nicht aber Jamaica von Navasa oder von Cuba aus. Auf letzterer Insel sassen die besten Seefahrer am Südost-Ende; je weiter man auf Cuba nach Westen kam, desto minderwertiger wurden die Canoas und desto kleiner der geographische Horizont der Bewohner. Sie machten eben keine Seereisen wie ihre Nachbarn im Osten der Insel und wie die Lucayos, die eine gute Kenntnis der sie umgebenden Inselwelt und der Küsten von Florida hatten.

Die aus Mahagoni oder Ceyba (die englischen Reisenden sagen gewöhnlich Cotton-tree; es ist Ceiba pentandra) hergestellten Canoas waren in allen Grössen vorhanden, von dem backtrogähnlichen Gefährt für nur eine Person bis zu den Riesen-Kriegs-Canoas von Galeeren- oder Fusta-Länge. Eine auf Jamaica von Columbus gemessene Canoa hatte eine Länge von 29 m bei einer Breite von nur 2,5 m. 70 und

80 Pagajer in einem Boot sind ebenfalls vom Admiral bezeugt. Als Breitenmass findet sich im übrigen mehrfach die beliebte „pipa", das Weinfässchen, angegeben. Konrad Haebler hat in den trefflichen Vorbemerkungen zu der von ihm besorgten Ausgabe des deutschen Columbus-Briefes darauf hingewiesen, dass in diesem Text anstatt der von Admiral zum Vergleich herangezogenen Fusta von 18 Rojerbänken nur eine solche von 4 Bänken genannt wird, und dass die Zahl von 70 bis 80 Mann auf 20 bis 28 herabsinkt. Haebler erblickt in diesem deutschen Columbus-Brief eine Übersetzung des verloren gegangenen ursprünglichen katalonischen Textes, der besser war als die im Druck bekannten spanischen und lateinischen Versionen. Einer seiner Beweisgründe sind auch diese niedrigen Zahlenangaben, welche die, wie er meint, unglaubwürdigen Angaben der bekannten spanischen, lateinischen und italienischen Texte korrigieren, weil „sie den wirklichen Verhältnissen annähernd" entsprechen. Aber das grosse Haida-Boot im Museum zu Washington (No. 26785) ist 18 m lang und $2^1/_2$ m breit; Enciso berichtet, dass zu seiner Zeit am Congo Einbäume fuhren, die 150 Krieger fassten. Einige anderen Zahlenangaben werden noch bei Besprechung der Piraguas gegeben werden. Dicht hintereinander in einer Canoa hockende Pagajer gebrauchen viel weniger Platz als Rojer, die auf festen Duchten sitzen und in festen Dollen arbeiten. Das erwähnte Haida-Boot kann 100 Mann aufnehmen. Die eine Zahl von 150 Mann, denen eine Canoa auf Cuba Platz gewährt haben soll, ist möglicherweise übertrieben, im übrigen aber sehe ich aus ethnologischen Gründen nicht ein, warum man die bisher geläufigen Zahlenangaben des Admirals und der alten Chronisten über indianische Riesen-Boote ablehnen sollte.

Auch manche Boote der Lucayos hatten 40 bis 45 Mann Besatzung. Die grosse Zahl der Canoas und die Schnelligkeit, mit der sie bewegt wurden, werden von den Entdeckern mehrfach hervorgehoben. Die grossen Fahrzeuge von Jamaica waren am Bug mit Schnitzereien und Bemalung versehen.

Die Caraiben besassen drei oder, wenn man will, sogar vier verschiedene Arten von Wasserfahrzeugen. Zunächst die schon berührten Piperis, die kleinen Fischer-Balsas, dann die Piraguas, die im Durchschnitt mit je 30 Pagajern besetzt waren und mit denen sie in Flottillen von 10 und mehr ihre berüchtigten Raubzüge bis auf 800 km und weiter unternahmen. Sie werden noch besonders besprochen werden. Ihre Canoas kann man in zwei Klassen zerlegen:

einmal waren da die gewöhnlichen Familien- oder Gebrauchs-Boote, die nie mehr als 6 m lang und 0,90 m bis 1,25 m breit waren. Mit diesen Coulialas aus Ceyba- oder Mahagoni-Holz legten die Caraiben bei ungünstigem Winde 48 bis 53 km täglich zurück. Dann verfertigten sie noch eine ganz kleine Art von Canoas aus dem Comáca-Holz, das wegen seiner weichen, leicht zu schneidenden Materie von den Franzosen jener Zeit „Fourmage d'Hollande", holländischer Käse, genannt wurde. Diese wenig leistungsfähigen Gefährte dienten wohl nur der niedrigen Fischerei, zur Hilfe bei Flussübergängen und für ähnliche Gebrauchszwecke einfacher Art.

Piraguas und Corials, und dazu, wie gezeigt worden ist, Kanus waren die Wasserfahrzeuge in Guayana. Die zum Bau verwendeten Holzarten waren verschieden; Cederarten (Cedrela odorata; Icica altissima) waren am beliebtesten. Feuer und Wasser waren die üblichen Hilfsmittel bei der Herstellung. Die Arbeit wurde sehr sorgsam ausgeführt und dauerte mehrere Monate. Dafür waren aber auch die Indianerboote, vorzüglich die der Warraus, Salivas und Otomaken, über ganz Guayana und Venezuela berühmt. Europäisches Fabrikat war dreimal so teuer, ohne auch nur ein Drittel der Zeit alle die Anforderungen auszuhalten, die Klima und Gelände fortwährend stellten, und denen jene wundervollen Fahrzeuge 10 Jahre lang und länger erfolgreich trotzten. Auch die berühmten „Lanchas" oder Kanonier-Schaluppen der Insurgenten, die im Unabhängigkeitskriege gegen Spanien eine so hervorragende Rolle spielten, waren von den Warraus erbaut. Sie hatten eine Besatzung von 70 bis 80 Mann nebst zwei Dreipfündern; einige sollen sogar für 100 Platz gehabt haben. Dagegen ist die Behauptung der Warraus, dass sie in früheren Zeiten Einbäume für 300 Manu gehabt hätten, zweifellos grobe indianische Übertreibung. Die meisten Corials in Guayana waren spitz am Bug und Heck; dies schwankte aber, auch das runde oder glatt abgeschnittene Heck kommt vor. Sie erreichten Grössen von 15 m Länge und 1,50 bis 2 m Breite und hatten Raum für 50 Personen. Es ist aber nicht durchweg sicher, ob nicht ein Teil dieser grossen Corials schon zur Klasse der Piraguas gerechnet werden muss. Das erste von Europäern gesehene Boot dieser Gegend war die Aruak-Canoa, welche Columbus zwischen Trinidad und Paria traf; sie war gross, leicht, gut gebaut und trug in der Mitte eine Hütte für Passagiere. Man bemerkte, dass, während die Fahrzeuge dieser ganzen Gegend gut waren und bis zu 20 m lang wurden, weiter im Westen, in Curiana, die dort „Gallitas" genannten Canoas rohere Formen zeigten.[1]

Wie auf der ganzen Golf-Küste von Venezuela und Columbia, so besassen auch die Anwohner des Cauca und Magdalena Canoas, die auf letzterem bis zu den Märkten der Chibchas hinaufgingen. Auf den Mittel- und Oberläufen beider Flüsse machten ihnen jedoch schon Balsas stark den Rang streitig, während auf dem Magdalena der spanische Handel nach Santa Fé und später die reisenden Missionare die einheimischen Formen der Canoas beeinflussten. Bevor aber die Spanier die primitiven Verhältnisse umwarfen, fuhren nach dem Zeugnis von Oviedo an den Küsten der Carthagena-Gegend Canoas, die für 130 Mann Platz gewährten, und so breit waren, dass zu beiden Seiten einer quergelegten „Pipa" noch Raum zum Vorbeigehen blieb.[2]

Wie wir gesehen haben, war über das ganze Stromsystem des Amazonas Balsa, Kanu und Canoa verbreitet; die umgebende Natur bedingte die Art des Fahrzeuges und weiterhin auch seine Grösse. Schon Pigafetta erwähnt Canoas von 30 bis 40 Mann Besatzung an den Küsten Brasiliens; 20 bis 30 und 30 bis 40 Pagajer sind denn auch ebenso häufige Zahlenangaben, wie Längenmasse von 10, 13, 15 m. Als Breitenmass hat Cardim wieder die berühmte „pipa". Aber Texeira berichtet, dass einige seiner Canoas Platz für 100 Mann hatten, und Burton fuhr auf einem Einbaum, der ausser der Besatzung 128 Zentner Ladung trug; dies war aber noch nicht einmal einer von den grössten. Simão de Vasconcellos endlich gibt Zahlen, hinter die man ein Fragezeichen setzen möchte, wenn nicht die Glaubwürdigkeit dieses Jesuiten-Paters bekannt wäre, und wenn die Völkerkunde nicht andere Beispiele zum Vergleich böte. In seinem Leben Anchieta's erzählt er, dass die

---

[1] Navarrete: I, 401; — Vespucci: p. 14, 26, 27; — Martyr: „Dec. Tres". I, 88; — Oviedo y Valdés: I, 343, 345; II, 380ff, 381ff; — Muñoz: p. 294; — Raleigh: „Invention of Ships", p. 3; — Ralegh: „Discovery", p. 49—51, note; p. 52; — Purchas: XVI, 311—312; — Grillet et Bechamel: p. 215, et note; — Biet: p. 55; — Gumilla: II, 131, 134—136; — Gilij: I, 62—64; — Duro: p. 139, 140, 142; Barrère: p. 28, pl.; 131—133; — Rich. Schomburgk: I, 144—145; — Robert H. Schomburgk: p. 308, 343; — Quandt: „Nachricht von Suriname", p. 231; — Hilhouse: „Memoir", p. 328; — Brett: p. 32, 166—167; — Bernau: p. 16, 34—35; — Kappler: p. 223—224, 232—233; — Crevaux: p. 44—45, 597, 604—607; — im Thurn: p. 295; — van Coll: „Gegevens", p. 456, 485, 486, 487; „Toegift": p. 470, 471; — Kottenkamp: p. 203, 210, 215.

[2] „Doc. Inédit. Arch. Ind.", II, 294; — Herrera: VII, 194ff; VIII, 81ff; Stöcklein: VIII, 33; num. 209; — de Brettes: p. 96; — Oviedo y Valdés: I, 343ff.

Tamoyos von São Vicente eine Flotte ausrüsteten, deren grösste Kriegs-Canoas Raum für 150 Pagajer boten, die alle zugleich Kämpfer waren. Sie benutzten ihre auf den Bordrand aufgestützten Pagajen als Auflegegestelle oder Zielpfähle beim Bogenschiessen und verwendeten sie andererseits als Parierstöcke gegen die feindlichen Geschosse. Den Gegensatz zu diesen Riesen-Fahrzeugen bilden die ganz kleinen Einbäume auf den Oberläufen der Flüsse des Amazonas-Gebiets, besonders in der Nachbarschaft von Stromhindernissen. Zog man hier nicht Balsas oder Kanus vor, so waren die Canoas so klein, dass sie bei einer Länge von 2 m oder etwas mehr nur für eine oder höchstens zwei Personen Platz gewährten und mit Leichtigkeit über die Trageplätze zu schaffen waren.

Zum Bau verwendete man Ceder-Arten (Cedrela odorata; Cedrela brasiliensis; Icica altissima), Mahagoni (Swietenea mahagoni) und die weniger dauerhafte Bombax ceiba. Den Omaguas schwemmte der Ucayali die schönsten entwurzelten Cederstämme bis auf die Hellinge ihrer halbversunkenen Inseln im Amazonas. In weiten Gebieten Brasiliens hatten die Canoas spitzen Vor- und Achtersteven, in anderen Teilen des Amazonas-Beckens, so auf dem Huallaga, Ucayali und in der Nachbarschaft, war der Bug spitz, während das breite, rechtwinklig abgeschnittene Heck eine kleine Sitz- oder Stehfläche für den Mann mit der Steuer-Pagaje lieferte. Eine ganz besonders rohe Form von Canoas verfertigten die Purupurus auf dem Rio Purus: mit flachem Boden, senkrechten Wänden und von viereckiger Form glichen sie länglichen schwimmenden Kisten. Bei Tupi-Stämmen und hier und da anderswo findet sich zuweilen ornamentale Bemalung; das abgeschnittene Haupt der heiligen Rosa von Bararoá zierte als Topstück den Vorsteven einer Raub-Canoa vom Rio Negro. Fortbewegt wurden die Boote durch Pagajen; die Moxos auf dem Mamoré und Guaporé, sowie die Omaguas hatten je einen Steuermann mit Pagaje für Backbord und Steuerbord.

Im oberen Amazonas-Gebiet war jeglicher Verkehr auf die Wasserstrassen beschränkt; der Expedition Orellana fiel dies sofort auf. Merkwürdig wenig Angaben über indianische Fahrzeuge finden wir in den Berichten über den Ursúa-Aguirre-Zug; erst am Rio Negro traf man die ersten grossen Canoas. Bis zur Piragua haben es die Indianer Brasiliens und des ganzen Amazonas-Beckens offenbar nicht gebracht; alle die verschiedenen Sorten von Fahrzeugen, die heute unter den mannigfaltigsten einheimischen Namen auf den Strömen und Flüssen schwimmen und die Camara so hübsch behandelt hat, sind europäische Verbesserungen indianischer Typen und gehören nicht in diese Abhandlung. Die Aymorés und verwandte Tapuya sollen ebensowenig irgendeine Art von Wasserfahrzeugen besessen haben, wie Bororó und Makú, obwohl sich im Sprachschatz der beiden letzteren einheimische Worte für „Boot" finden.[1]

Die im Chaco und in Süd-Brasilien aus weichmarkigen Bombaceen angefertigten Boote, die ein Mittelding zwischen Kanu und Canoa darstellen, sind bereits erwähnt worden, ebenso wie die Rundboote der Pampas. Das Schicksal der Canoa bei manchen Stämmen dieser Gegenden zeigt an einem neuen Beispiel, in wie hohem Grade die Schiffahrt der Indianer von der Natur beeinflusst worden ist. Als die Europäer zuerst die Chaco-Gegenden betraten, waren die Abiponer ein ausgesprochenes Wasservolk, welches mehr Canoas besass, als andere Völker. In welchem Umfange sie nach Einführung der Pferde ein reines Reitervolk geworden sind, welches lediglich die kümmerliche Pelota kannte, das wissen wir aus Dobrizhoffer's trefflicher Monographie. Ganz genau so steht es mit den Charrúa und sittenverwandten Nachbarn. Während sie zur Zeit der Entdeckung mit 17 bis 20 m langen und 0,85 bis 1 m breiten Canoas geschickt und schnell das Meer befuhren, waren sie später als Reitervolk so wasserfremd geworden, dass Azara und Burmeister trotz Schmidels ausdrücklicher Angabe die Teilnahme der Charrúa beim Angriff der vier verbündeten Nationen

---

[1] Pigafetta, in „First Voyage round the World", p. 44; — Soares de Souza: p. 206, 207; — Magalhães de Gandavo in „Revista Trimensal", XXI, 417; — Vasconcellos: „Vida de Anchieta", p. 68; — Cardim: „Narrativa", p. 81, 90, 94; Carvajal: p. LXXIV–LXXV; p. 69–70, 88, 92; — Vicente do Salvador: p. 12; Simón: I, 287; — „Doc. Inédit. Arch. Indias", IV, 241; — Texeira: XIII, 440–441; Richshoffer: „Diario", p. 121; — Ribeiro de Sampaio: p. 107; — Spix und Martius: III, 1076, 1255; — Martius: „Ethnographie", p. 194–195; — Wied: „Brasilien", I, 85; II, 43; — Bates: p. 44, 100, 265; — Burton in „Captivity of Hans Stade", p. XX; — „Exped. into the Valley of the Amazons", p. 179–180; — von den Steinen: „Reise", p. 233, 241, 241–242; — Derselbe: „Naturvölker", p. 433, 483; — Camara: p. 77 ff. — Condreau: „Tocantins", p. 212, 217, 277; — Koch-Grünberg, im „Anthropos", I, 879, 905, Anm. 4; — Manuel Rodriguez: p. 116; — „Noticias Auténticas", XXVI, 422, 425; XXIX, 238; XXX, 215; XXXIII, 45; — Laureano de Santa Cruz: p. 274, 275 ff., 296; — Gonsalves da Fonseca: p. 35–38, 88, 91, 102, 103, 107; — Veigl: p. 81–86; — Poeppig: II, 281–282; — Smyth and Lowe: p. 152–153, plate; — Cardús: p. 292; — Crevaux: p. 93, 95, 129, 132, 152, 153, 155, 156, 172, 185, 317; — Ordinaire: p. 282; — Marcoy: I, 461, 512, 595, 621, et note 2; 627, 630, 635, 663–664; II, 153, 236, 257, 306, 312; — Cappa: I, 5–6.

auf Buenos Aires bezweifelt haben, weil sie nicht im Besitz von Canoas gewesen seien, um über den La Plata zu setzen. Orbigny führt eine ganze Reihe von Stämmen auf, Charrúa, Chiquitos, Patagonier, Tobas, Mataguayos, Samucos, Siriones, die, wie er jedesmal ausdrücklich wiederholt, „niemals" ein Boot gebaut oder benutzt hätten. Abgesehen davon, dass sich in einigen Fällen das Unrichtige dieser Behauptung unmittelbar nachweisen lässt, legt eine vergleichende Überlegung die Annahme nahe, dass sie wahrscheinlich durchweg falsch ist. Man geht nicht fehl, wenn man behauptet, dass ein erheblicher Teil der Stämme, die nach Einführung von Pferd und Rind mit Bola und Lasso auf der Pampa und im Chaco umherstreiften und keine andere Nahrung zu sich nehmen wollten als Fleisch, in früherer Zeit mit Canoas den Fischen nachgingen. Denn auf diesen weiten Ebenen gab es nicht die Bisonherden von Millionen von Köpfen, denen im Norden die Teyas und Querechos mit Kind und Kegel und ihren kleinen Hundeschlitten nachzogen und die ihnen reichlich Nahrung boten. Die Pampa und der südliche Chaco können nur ganz dünn bevölkert gewesen sein, denn wie die nördlichen Onas auf Feuerland können sie dort nur von Guanacos gelebt haben, die nur eine ganz ausserordentlich dünne Bevölkerung ernähren können.

Die grossen Flottillen, welche die spanischen Entdecker auf dem Plata, Paraná und Paraguay antrafen, bestanden aus Einbäumen aller Grössen, vom kleinen 3 m langen Fischerboot bis zur Kriegs-Canoa von 24 m Länge. Je weiter man die Flüsse aufwärts ging, desto kleiner wurden nach dem mehrfach erörterten Gesetz die Fahrzeuge; während man auf dem unteren Paraná und Paraguay noch Canoas von 9 bis 10 m Länge antraf, besassen die räuberischen Payaguás nördlich von Asunción nur noch solche von höchstens 6 bis 7 m Länge. Mit diesen an Bug und Heck spitzen Canoas sollen sie, wenn es bei ihren Kriegszügen darauf ankam, 38 bis 40 km in einer Stunde zurückgelegt haben. Dies behauptet wenigstens ganz ausdrücklich Azara; wäre es denkbar, dass ein Pferd solange aushielte, so würde es zwanzig Minuten mehr gebrauchen, um diese Strecke von 40 km im Exerziergalopp zurückzulegen. Im Quellgebiet des Paraguay, in der Gegend des heutigen Cuyabá, traf Cabeza de Vaca auf die Guaxarapos, ein richtiges Wasservolk, das nach Süden einen schwunghaften Boot-Handel mit den Payaguás betrieb. Vier Monate des Jahres, zur Zeit der Hochwasser, lebten sie in ihren Canoas, in denen ein Feuerherd aus Lehm errichtet war; so zogen die Familien umher, jagten das Wild, das auf den erhöhten, trocken gebliebenen Stellen zusammengetrieben war, und sammelten beim Fallen des Wassers die Fische, welche in Masse auf dem Trockenen zurückblieben.¹

Um die Zahl der Mischgebiete um ein letztes zu vermehren, muss noch Peru und Chile genannt werden, wo Einbäume vereinzelt vorkamen. Die Yuncas, die Küstenstämme des Inkareiches, besassen stellenweise Canoas. Drake traf einen Indianer mit Einbaum in der Gegend des Rio Limari, Coquimbo, und Pineda y Bascuñán wurde als Gefangener der Araukaner vermittelst einer Canoa in der Nähe von La Imperial über einen Fluss gesetzt.

Das Hauptverbreitungsgebiet dieser Canoas in Chile scheint aber die Küstengegend von Concepción gewesen zu sein; im Gegensatz zur Dalca hiess ein solches Boot Huampu. Die Inselbewohner von Santa Maria und Mocha bedienten sich ihrer unverzagt zu längeren Seefahrten, obwohl sie sehr wenig leistungsfähige Fahrzeuge waren.²

Die Piragua.

Über die Piragua ist schon einiges gesagt worden. Nach Rafinesque stammt das Wort aus dem Dialekt der Aruaks von Puerto Rico, nach Oviedo aus der Sprache der Insel-Caraiben, nach Cobo von Tierra Firme, hier Guayana und Venezuela, also auch wohl aus der Caraiben-Sprache. Rojas hat gefragt, ob das Wort nicht vielleicht der Tupi-Sprache entnommen sei und mit dem Tupi- und Guarani-Wort pirá, Fisch, zusammenhänge. Zusammensetzungen und auch Ortsbezeichnungen, wie Piráquá und Piracunán erinnern allerdings stark an unser Wort. Die Tatsache, dass die Tupi und Guarani den Typus der Piragua gar nicht gekannt haben, würde schliesslich angesichts der Willkür, mit der einheimische Namen auf indianische Fahrzeuge angewendet worden sind, belanglos sein. Wie bereits dargelegt, wird nach dem Vorgange der Spanier unter Piragua jedes primitive amerikanische Boot bezeichnet, dessen Bordwände durch Aufsetzen von

---

¹ Schmidel: p. 32, 34, 38, 41; — Cabeza de Vaca: „Naufragios y Comentarios" I. 278, 279, 280–281; — Gomes Jardim, in „Revista Trimensal", XIII, 353–355; Lopes de Souza, in „Revista Trimensal", XXIV, 48; — Azara: II, 57, 144–145; d'Orbigny: p. 102, 172, 223, 226, 232, 238, 251, 256, 264, 285, 290, 294, 295, 298, 302, 304, 306, 308, 310, 333, 341, 348; — Boggiani: „Caduvei", p. 5.

² Fletcher: „Drake", p. 100; — Cobo: IV, 216; — Pineda y Bascuñán: p. 87; Rosales: I, 173, 174; — Medina: „Aborijenes", p. 191–192; — Valdivia: „Arte" sub „varco", „nauio"; — Havestadt: I, 507, Ziff. 557.

Planken ganz oder doch wenigstens zum Teil eine Erhöhung erhalten haben. Das Fahrzeug war also kein reiner Einbaum mehr, vielmehr war der Einbaum zu einem erweiterten Kiel herabgedrückt und hatte sich mit der aufgesetzten Planke in die Schiffswand zu teilen. Wurde dann im Laufe der Entwicklung die Zahl der Planken verdoppelt oder verdreifacht, wurde dementsprechend der Einbaum immer kleiner und kielartiger, so nähern wir uns dem Boot des modernen Schiffszimmermanns. So erklärt die Piragua die Entstehung unserer Boote aus dem Einbaum unserer Vorfahren, ebenso wie die Dalca der Schlüssel für die Entwicklung des Plankenboots aus dem Kanu ist.

In Amerika gab es fünf Verbreitungsgebiete der Piragua, die Nordwestküste, die Santa Barbara-Inseln, Mexico, die Kleinen Antillen und Guayana. Von ihnen hängen die Kleinen Antillen und Guayana zweifellos zusammen, bei der Nordwestküste und dem Santa Barbara-Bezirk glaube ich an einen ehemaligen Zusammenhang zuversichtlich, während Mexico mit seinen weniger charakteristischen Piraguas allein dasteht. Denn ehemalige Beziehungen von Nahuas zu Nordwest-Indianern sind zunächst noch nicht bewiesen.

Wo sonst noch Piraguas gefunden worden sind, auf dem Isthmus und zur spanischen Zeit in Peru, da sind sie offenbar Entlehnungen oder Übertragungen.[1]

Die Piraguas der Nordwest-Indianer hatten in der Regel nur Plankenerhöhung an Bug und Heck; nur in seltenen Fällen scheint sie um das ganze Boot herumgelaufen zu sein. Sie war bis zu 1 m hoch und besass am Bug zuweilen Schiessscharten. Über die Grösse der Fahrzeuge ist schon einiges gesagt worden: Meares sah bei Nutka eine Kriegs-Flottille von 10 Piraguas mit je 30 Mann Besatzung, solche mit 40 bis 50 Mann werden oft genannt, und Gouverneur Simpson mass bei den Heiltsuk eine Piragua, die 18,3 m lang, 2 m breit, 1,35 m tief war und für 100 Mann Raum bot. Diese grossen und dabei eleganten und leistungsfähigen Fahrzeuge sind oft beschrieben und gerühmt worden; man sagt, dass sie das Modell für die s. Z. gefeierten Klipperschiffe der Union abgegeben hätten.[2]

---

[1] Martius: „Wörtersammlung", p. 319 I, 521; — Cobo: IV, 217; — Montoya: „Tesoro", p. 297; — Rojas: p. 121; — v. Tschudi: „Peru", I, 295.

[2] La Pérouse: II, 206; — Vancouver: II, 84, 85; — Marchand: I, 258—260, 366—367; — Lütke: I, 212; — Simpson: „Narrative", I, 204; — Bancroft: „Native Races", I, 106, 166, 216; — Niblack: p. 295.

Zu beiden Seiten des Santa Barbara-Kanals, auf den Inseln und dem Festlande bis etwa zur Punta Concepción im Norden, wohnten die 1853 ausgestorbenen Santa Barbara-Indianer. Die ersten Nachrichten über sie stammen von den spanischen Expeditionen Cabrillo und Vizcaino. Diese Indianer besassen Piraguas von 6,7 bis 8,4 m Länge und 1,25 m Breite, welche bis zu 20 Personen aufnehmen konnten. In den kleinen Fischerbooten pflegten sich 2 Mann zu befinden und ein Knabe zum Ausschöpfen des Sodwassers. Nach Galvano stiess die Expedition Cabrillo auf Fahrzeuge, deren Beschreibung stark an die grossen Kriegs-Piraguas der Haidas erinnert. Da aber Ferrelo, Cabrillos Nachfolger im Kommando der Expedition, nicht weit nach Norden über Kap Mendocino hinaus vorgedrungen ist, so müssten entweder Fahrzeuge der Nordwest-Indianer bis in diese Gegend gelangt sein, oder aber, was wahrscheinlicher ist, die Nachricht ist stark übertrieben, und es handelt sich um die Piraguas der Santa Barbara-Insulaner, deren bisher in Amerika nie gesehene, verhältnismässig hochstehende Schiffsbau-Technik die Spanier immerhin überrascht hatte. Dass diese Insulaner nach Norden erheblich über ihre Heimatsgrenzen hinausfuhren, kann man bei Vancouver lesen, der eine Santa Barbara-Piragua unter 35° 42′ nördlicher Breite und 239° 6′ westlicher Länge antraf. Dieser vortreffliche Seemann war höchst erstaunt, inmitten des californischen Binsen-Balsa-Gebiets so vollkommene Fahrzeuge zu finden, die, wie er angibt, „much after the Nootka fashion" gebaut waren. Es muss gesagt werden, dass der Charakter der Santa Barbara-Fahrzeuge nicht ganz klar ist: hätten wir allein die Berichte der alten spanischen Chronisten, so müsste man sie für Dalcas ansprechen. Der bei La Patena gefundene Bootrest ist leider so wenig eingehend beschrieben worden, dass er nichts zur Lösung der Frage beiträgt. Die Bemerkung des tüchtigen Beobachters Vancouver ist für mich ausschlaggebend gewesen, die Santa Barbara-Boote als Nootka-ähnliche Piraguas zu erklären. Sie werden es nur insoweit gewesen sein, als das minderwertige Holzmaterial ihrer Heimat es gestattete, und mögen den hierdurch notwendig gewordenen Modifikationen einige Dalca-Ähnlichkeit verdankt haben. Beachtenswert ist, dass diese Plankenboote durch 3 m lange Doppel-Pagajen fortbewegt wurden.

Die Santa Barbara-Stämme standen ethnisch und sprachlich in ihrer Umgebung völlig isoliert da; sobald man über die Punta Concepción nach Norden hinaus ging, gelangte man in das Gebiet ganz anders gearteter, armseliger Balsa-Schiffer; im Süden war es genau so, obwohl sich hier die Grenze weniger gut feststellen lässt. Dr. Eisen meint, dass nur vier Wörter aus dem Sprachschatz dieser ausgestorbenen Indianer auf uns gekommen seien; ihre Untersuchung hat zu keinem Ergebnis hinsichtlich ihrer Zugehörigkeit geführt. Aber es sind ausser diesen vier noch 23 andere Worte vorhanden, die bei Buschmann zu finden sind und zu einer Untersuchung herausfordern. Vielleicht kommt ein Sprachforscher auf die richtige Fährte, wenn ich darauf hinweise, dass ein guter Teil der wenigen uns bekannt gewordenen Sitten der Barbara-Stämme auffällig an die Nordwest-Indianer erinnert. Ich sage dies, obwohl ich mir bewusst bin, dass Völker unter ähnlichen Lebensbedingungen, wie es diese beiden Seevölker waren, eine erhebliche Zahl übereinstimmender Sitten entwickeln werden. Die im Folgenden aufgeführten ethnologischen Momente aus dem Kulturkreis der Santa Barbara-Stämme fehlten, soweit bekannt, ihren unmittelbaren Nachbarn, werden aber jeden Kenner der Nordwest-Indianer sofort an diese erinnern.

Sie besassen Planken-Boote und jagten Seehunde und ähnliche Tiere mit Harpunen, deren selbstlösliche Spitze durch eine lange Schnur an dem Schaft befestigt war. Sie bauten grosse Hütten (grandes cabañas) und errichteten auf dem Dorfplatz viele dicke mastenähnliche Pfähle, die reichlich bemalt waren (tienen muchos maderos incados, como masteles, y muy espesos, tienen muchas pinturas en los mismos palos). Grosse Raben waren ihre heiligen Vögel. Sie waren von einem derartigen Handels- und Schachergeist beseelt, dass sie „Die Chinesen Californiens" genannt wurden. Sie stahlen wie die Spartiaten, während ihre roheren Nachbarn ausdrücklich von diesem Laster freigesprochen werden. Sie waren sehr kriegerisch; immer war ein Dorf mit dem anderen, oder eine Insel mit dem Nachbar-Eiland in Fehde, ohne dass doch deswegen ein reger Handel im Archipel und nach dem Festlande aufhörte. Die Köpfe der Kriegsgefangenen wurden von älteren Männern, vielleicht Schamanen, abgeschnitten, um zu Trophäen verarbeitet zu werden, während die überlebenden Kriegsgefangenen zu Sklaven gemacht wurden. Eine Empfangs-Zeremonie, die von der Expedition Vizcaíno genau in derselben Form beobachtet wurde, wie später von Vancouver, fand sich unter genau denselben Formen bei den Nordwest-Indianern, wie wir durch Cook, Meares und Vancouver wissen. Waren die Piraguas oder Canoas auf eine bestimmte Entfernung an das zu begrüssende Schiff herangekommen, so hielten sie an und sammelten sich, um dann unter feierlichem Chorgesang und unter Schlaghalten der Pagajen dreimal um das Fahrzeug herumzufahren. Nach Vollendung der dritten Rundfahrt kamen sie heran, legten an und gingen nun furchtlos an Bord, um zuweilen auf Deck noch einen dreimaligen Rundgang zu machen. Während im Santa Barbara-Gebiet zu Vizcaino's Zeiten das übliche Friedenszeichen darin bestand, dass man Erde mit den Händen in die Luft warf, „echar tierra en alto con las manos", kündeten die Nordwest-Indianer ihre friedlichen Gesinnungen dadurch an, dass sie eine weisse Adlerfeder in die Luft bliesen. Es sind dies natürlich nur Äusserlichkeiten, aber man beachte, dass sie einen erheblichen Teil der ganz wenigen Sitten ausmachen, die uns überhaupt über die Barbara-Indianer überliefert sind. Es erscheint mir sehr wohl möglich, dass die Santa Barbara-Indianer ein südlicher Ausläufer der Nordwest-Stämme waren, deren leistungsfähige Schiffahrt sie in zurückliegenden Zeiten hierher geführt hatte.[1]

Bei den Azteken scheinen nur die grösseren Kriegs-Canoas zu Piraguas ausgebaut gewesen zu sein. Sie hatten, wie es die Spanier nannten, „tablazón", Plankenaufsatz an Bug und Heck zum Schutz der Besatzung gegen feindliche Wurfgeschosse. Die Abbildungen in den Codices bestätigen diese Angaben; denn wenn diese Zeichnungen auch viel Schematisches und Konventionelles an sich haben, so bringen sie doch das Charakteristische der Formen besonders gut zum Ausdruck und machen auf den ersten Blick klar, dass Canoas mit so ungewöhnlich steilem Bug und Heck nicht mit dem Körper des Fahrzeuges zusammen aus einem Baumstamm herausgearbeitet gewesen sein können. Die grössten Azteken-Piraguas auf dem See von Mexico fassten bis zu 60 Pagajer und führten für vornehme Passagiere in der Mitte eine kleine Hütte oder ein Sonnensegel.[2]

Die Piraguas der Insel-Caraiben und verschiedener Stämme in Guayana waren die vollkommensten und leistungsfähigsten Fahrzeuge

---

[1] Torquemada: I, 712–713, 714 II. 719 II. 720 II; — „Doc. Inédit. Arch. Indias". XIV, 177. 182; — Galvano: p. 230–231; Fages: p. 170. 171. 314; Venegas: II. 441; Vancouver: I, 263, 305; II. 246–247, 281. 385, 393. 445, 450; III. 227. 234. 291; Cook: II. 20; — Meares, in Forster: „Geschichte" I, 104. 105; Palou: VII. 361; — Buschmann: p. 540–541; — Eisen: p. 15. 16. 20–21. 24; Boscana: p. 308–309; — Bancroft: „Native Races". I. 408–409.

[2] Diaz del Castillo: I. 105; II. 126. 127; — „Lienzo de Tlaxcalla". lám: 18. 18a; Torquemada: I. 460 I; — Herrera: II. 205 II.

des primitiven Amerika. In der Theorie mag schiffstechnisch die Dalca den höheren Typus darstellen, in der Praxis erreichte sie nicht annähernd die Leistungsfähigkeit der Piragua. Die Herstellung geschah in der Weise, dass von dem ausgehöhlten Stamm die beiden Enden durch senkrechte Schnitte völlig entfernt wurden, so dass das im Werden begriffene Boot hinten und vorn offen war und nur aus dem Kiel und zwei parallelen senkrechten Seitenwänden bestand. In diesem Zustande wurden nun diese beiden Wände mit Hilfe von Feuer und Wasser möglichst weit auseinander getrieben und erhielten ihrer ganzen Länge nach einen aufgenähten Plankenaufsatz von 40 bis 45 cm Höhe. Auf diese Weise wurde eine obere Breite der Boote von 2,25 bis 3,25 m erreicht. Die etwa dreieckigen Öffnungen vorn und hinten wurden nun durch Querbretter geschlossen, die gewöhnlich den oberen Bootrand ein wenig überragten. Die Piraguas wurden gründlich kalfatert und innen in Abständen von 60 zu 60 cm mit Querhölzern als Duchten für die Pagajer versehen. Die Piraguas der Insel-Caraiben waren 13 bis 19 m lang und trugen Besatzungen von 50 bis 60 Mann.[1]

Genau dieselben Piraguas oder auch Boote mit Plankenerhöhung nur am Bug und Heck finden sich bei den Caraiben und Aruaks von Guayana und stellenweise längs der Küste von Venezuela und Columbia bis nach Santa Marta und Cartagena. Die Caraiben sind vornehmlich die Erbauer der vollkommenen Piraguas, während die Aruaks diese offenbare Caraiben-Erfindung von ihnen nur teilweise entlehnt haben und sich in der Hauptsache mit Canoas oder mit nur am Bug und Heck erhöhten Piraguas begnügten. Die Beplankung bestand aus 20—30 cm hohen Brettern aus Palmholz oder aus dem weichen Holz der Cecropia peltata, aus der Verwandtschaft der Maulbeerbäume. Stellenweise wurden diese Arbeiten gänzlich ohne Kalfaterung fertiggestellt, ohne hierdurch, wie Gumilla erklärt, an Brauchbarkeit den übrigen nachzustehen.[2]

Die Übersicht über die primitiven Wasserfahrzeuge Amerikas ist hiermit beendet. Es ist gezeigt worden, wie sie in der Hauptsache

---

[1] Herrera: I, 196 II; — Breton: „Car.-Franç.", p. 55 I, 82 I, 83 I, 108, 113 II, 114 I, 115—116, 123 II, 126 I, 134 I, 144, 156 II, 158 II, 164 I, 164—165, 168 I, 171 I, 185 II, 219 I, 249 II, 251—252, 256, 268 I, 404 I, 406 I, 443 II, 449—450, 458 II; — du Tertre: II, 397—399; — de la Borde: p. 26; — Rochefort: p. 452—453.

[2] Gomberville: „Dissertation", p. 26; — Grillet et Bechamel, p. 221, et note; — Barrère: p. 28, pl.; p. 133—134; — Gumilla: II, 131—133; — Gilij: I, 64—65; — Hartsinck: I, 22; — Brett: p. 32; — Kappler: p. 232; — im Thurn: p. 293—295.

eine Funktion der den Indianer umgebenden Natur waren. Zwar finden wir hin und wieder Erscheinungen, die hierdurch nicht zu erklären sind, und die man geneigt ist, ethnologischen Wanderungen oder Entlehnungen zuzuschreiben. So das Vorkommen des sonderbaren „piperi" unter den Insel-Caraiben, das man gern mit den Tupi in Verbindung bringen möchte, mit denen ja auch sonst die Caraiben in ihren Sitten so manches Gemeinsame haben. Aber im allgemeinen trifft der obengenannte Satz zu; man hat seine Richtigkeit in historischen Zeiten prüfen können.

Auch die europäischen Kolonisten haben sich diesen Einflüssen nicht entziehen können. Jahrhundertelang, stellenweise noch heute, haben die einheimischen Fahrzeuge die besseren europäischen Boote und Schiffe nicht aufkommen lassen. Nach dem Fall von México kamen Cortés' berühmte Brigantinen, der Stolz der Spanier, ausser Verwendung, weil sie für die Praxis in jenen flachen Gewässern unbrauchbar waren, der die Canoas der Indianer am besten entsprachen. Die vorher genannten Jesuiten-Boote auf La Plata und Magdalena, sowie im Norden die „Ark" der anglo-amerikanischen Hinterwäldler, die uns aus Cooper's „Deerslayer" geläufig ist, stellen Versuche der Weissen dar, sich an Naturverhältnisse anzupassen, denen die üblichen europäischen Schiffstypen nicht gewachsen waren. Erst mit der Ausrodung der Wälder, mit der Urbarmachung des Bodens und einer gewissen Regulierung der Flüsse, ganz besonders aber erst nach Erfindung der Dampfschiffe hat das Indianerboot im Innern Amerikas den europäischen Fahrzeugen weichen müssen. Es ist ein Vorgang, der noch nicht beendet ist. Dort aber, wo die europäischen Schiffe ihre Überlegenheit ungehindert zeigen konnten, und wo auch bisher die indianische Schiffahrt ihre beste Entwicklung genommen hatte, auf dem freien Meere, lagen die Dinge ganz anders. Hier ist durchweg innerhalb weniger Jahrzehnte nach dem ersten Erscheinen der Europäer in den betreffenden Gegenden die Eingeborenen-Schiffahrt in der Hauptsache vom Meere verschwunden. Denn gerade die Küsten waren in erster Linie dem Eindringen der europäischen Zivilisation zugänglich, die, wie immer, wo eine höhere Kultur unvermittelt auf eine erheblich niedrigere platzt, den Indianer auf eine schnell absteigende Bahn brachte. Die indianische Kultur Amerikas war zur Zeit der Entdeckung im Aufsteigen begriffen; von da an ging es mit ihr rapide bergab.[1]

[1] Acosta: I, 241; — Cooper: „Guide in the Wilderness", p. 13; Schoolcraft: „Personal Memoirs", p. 19—20; Cooper: „The Deerslayer", p. 38.

Das Rudergeschirr.

Die sprachlichen Formen für das kurze Streichruder der Naturvölker sind mannigfach, Pagaje, Pagalle, Pagaie, Paddle. In der äusseren Form herrschte in Amerika grosse Übereinstimmung, in Einzelheiten und Kleinigkeiten jedoch unterschieden sie sich von Stamm zu Stamm ebenso regelmässig, wie etwa Bogen, Pfeile und Boote. Gemeinsam war allen ein gewisses allgemeines Äussere, das den Spaniern den Vergleich mit einer „pala de horno" oder „cucharón", Backschaufel oder grossem Vorlegelöffel, nahe legte. Gemeinsam war ihnen auch die Form des Schaftes, der fast regelmässig in einen Krückengriff, in selteneren Fällen in eine Kugel auslief. Blatt und Schaft teilten sich gewöhnlich zu gleichen Teilen in die Gesamtlänge der im allgemeinen kurzen Pagajen; war dies nicht der Fall, dann war häufiger der Schaft länger als umgekehrt. Vielfach lief das Blatt in eine scharfe, lanzenartige Spitze aus und gestattete den Gebrauch der Pagaje als nicht ungefährliche Waffe; die Nordwestküste, die Maynas-Länder, Chaco und Magalhães-Strasse bieten hierfür treffliche Beispiele.[1]

Das Pagajen geschieht in der Weise, dass der Mann mit dem Antlitz voraus mit der einen Hand den Krückengriff von oben erfasst, mit der anderen den Schaft in der Nähe des oberen Blattendes ergreift. Beim Eintauchen schiebt die erste Hand nach vorn, während die andere nach dem Leibe zu zieht. Die Wirkung ist genau die, welche unser Streichen erzielt. Die Vorzüge des Pagajens vor dem Rojen und Streichen sind die, dass die Pagajer im Boot viel enger sitzen können als die Rojer und dass das unvermeidliche Geräusch fortfällt, welches durch die Reibung zwischen Remen und Dollen bei jedem Schlag erzeugt wird. Für die indianische Kriegführung waren beide Punkte

---

[1] Über die Herkunft des Wortes Pagaje habe ich in den amerikanischen Quellen nichts gefunden; die irokesischen Worte gaga8e und gaga8et können nur das Interesse einer zufälligen Übereinstimmung beanspruchen; nach Veth stammt das Wort pagaai entweder direkt aus dem Malayischen ab oder ist wenigstens mit dem malayischen Wort pengajoeh, Pagaje, verwandt. — Bruyas: „Radices", p. 44; — Veth: p. 294—295; — Breton: „Car.-Franç.", p. 396 II; — Purchas: XVI, 52—53; — Gilij: I, 65—66; — Marcoy: I, 579, 617; — Teit: p. 256; — Schmeltz: p. 61 u. Tafel IV, 1 a—c; — Habel: p. IV, No. 9; — Prado, in „Revista Trimensal", I, 32.
— Hier und im folgenden kann immer nur ein kleiner Teil der Belegstellen angegeben werden, weil viele von ihnen schon in früheren Angaben enthalten sind, und die geringere Wichtigkeit der übrigen den hierdurch beanspruchten Raum nicht rechtfertigen würde.

von höchster Wichtigkeit. Die Flibustier erkannten dies sehr wohl und griffen, obwohl sie sämtlich gelernte Rojer waren, bei ihren Raubzügen zur Pagaje. Das Pagajen geschah gewöhnlich im Rhythmus: der Mann oder die beiden Leute im Bug gaben Schlag an und stimmten den Gesang an. Die Chiribichi von Paria hatten mit dieser Aufgabe den Steuermann betraut, der wie der Keleustés der Alten den Takt angab. Auf diese Weise gestattete es den Indianern ihre enorme Ausdauer 12 Stunden mit geringen Ruhepausen ununterbrochen zu arbeiten. Smyth, ein englischer See-Offizier, gibt eine anschauliche Beschreibung von dem Pagajen der Maynas-Völker: ihr Schlag war regelmässig und während der ersten $^3/_4$ Stunden langsam; dann wurde er allmählich schneller, bis er nach Verlauf von $1^1/_2$ Stunden so schnell war, wie die Pagajen nur bewegt werden konnten; das Kanu schien durch das Wasser zu fliegen. Nach einer Weile stimmten die beiden Schlagmänner im Bug einen Gesang an, worauf die Mannschaft sofort länger und ruhiger durchzog und in den Chorgesang einstimmte. Die beiden Leute im Bug wechselten darauf ihre Plätze, um auf diese Weise die arbeitenden Arme abzulösen; sobald sie ihre Tätigkeit wieder aufgenommen hatten, tat das nächste Paar das gleiche, und so fort, bis die ganze Mannschaft die Bootsseiten vertauscht hatte, ohne dass das Fahrzeug hierbei im geringsten an Fahrtgeschwindigkeit verloren hätte. Nach Verlauf von 4 bis 5 Stunden Arbeit machten sie für eine Stunde Pause; sie liessen das Fahrzeug treiben und tranken Masata, von dem sich stets ein volles Gefäss im Vorschiff befindet. Diese Beschreibung ist typisch für das ganze Amerika. P. João Daniel gibt eine eindrucksvolle Schilderung von der Technik der Tapuya am unteren Amazonas. Das Pagajen war ihnen eine Art von Spiel oder Tanz; völlige Gleichmässigkeit herrschte, eine einzige Kraft schien alle zu beseelen.

Berühmt geworden in der Geschichte der Entdeckungen sind jene wundervollen Jamaica-Pagajer, die Diego Méndez und Bartolomé Fiesco bei jener verzweifelten Fahrt vom Ostende von Jamaica über Navasa nach Kap Tiburón brachten. Sie waren die Retter des grossen Columbus. Castellanos hat ihrer in seinen Elegien nicht vergessen.

In der Bilderschrift der Indianer des Nordens wurde die Zahl der Insassen eines Kanus durch die betreffende Anzahl von Pagajen angezeigt.[1]

---

[1] „Vita di Cristoforo Colombo": p. 350—353; — Las Casas: „Historia", III. 158—161; — Herrera: I, 151; — Martyr: „Dec. Octo", p. 575; — Breton: „Car.-

Über die Doppel-Pagaje ist schon an den betreffenden Stellen das Nötige gesagt worden. Sie war einheimisch in den beiden grossen Balsa-Zonen an den Westküsten von Nord- und Süd-Amerika; bei den Kutenais Alaskas war sie von den Eskimo entlehnt. Ein gut erhaltenes Stück der merkwürdigen Doppel-Pagajen der Santa Barbara-Indianer befindet sich als Bestandteil einer Sammlung von der Vancouver-Expedition im Britischen Museum.[1]

Neben den Pagajen wurden von den Indianern vielfach Staken verwendet; wir finden sie ebenso in Canada, auf den Antillen und dem Isthmus, wie in Guayana, am Magdalena und in den Maynas-Ländern. Er ersetzte einmal die Pagaje in ganz flachen oder sehr reissenden Gewässern bei der Bergfahrt, oder er fand nebenher Verwendung in der Hand des Lukaus im Bug des Bootes, um das gebrechliche Fahrzeug nicht durch Auflaufen beschädigen zu lassen. Wurde die Strömung so stark, dass auch der Staken nicht mehr wirkte, dann trat ein Strick an seine Stelle, und das Treideln begann.[2]

Der Remen ist dem primitiven Amerika vollkommen fremd gewesen; wo er bei den Indianern erwähnt wird, sei es in früher, sei es in späterer Zeit, war er unmittelbar von den Europäern entlehnt.[3]

Zum Steuern der Boote bedienten sich die Indianer einer Pagaje, die hin und wieder länger war als die gewöhnlichen; die Omaguas, die Moxos auf Mamoré und Guaporé und möglicherweise noch andere Stämme dieser Gegenden verwendeten, wie bereits erwähnt, zwei Steuer-Pagajen. Das europäische Ruder war in Amerika gänzlich unbekannt; wo es später vorkommt, ist es entlehnt. Waren Weiber im Boot, so führte sehr häufig eine alte Frau die Steuer-Pagaje. Bei den Tlinkit war dies eine feststehende Sitte; bei allen ihren Kriegs-Unternehmungen wurden die grossen Piraguas von einem alten Weibe gesteuert und kommandiert. Ihre Autorität scheint bei solchen Gelegenheiten nahezu absolut gewesen zu sein; Meares erlebte es, dass eine solche

---

Franç.", p. 6 I, 29 I, 37 II, 42 II, 56, 365—366, 367—368, 382 II, 441 I; — Hennepin: „Description", p. 219; — Cobo: IV, 216—217; — „Lettres Édif." IV, 228; — Labat: II, 11—13; — Jewitt: p. 128, 170, 202; — Smyth and Lowe: p. 273—274; — Brett: p. 32—33; — Kappler: p. 234; — Castellanos: „Elegías" p. 42 II, 43 II; — Daniel, in „Revista Trimensal" III, 43; — „Doc. Hist. St. N. Y.", I, 7, 8—9, plate.

[1] Dalton: „Notes", p. 231, and plate XV, fig. 9.

[2] Breton: „Car.-Franç." p. 46, 55 II, 145 I, 146 II, 147 I, 265 II; — du Tertre: II, 395, pl.; — Skinner: p. 283.

[3] Purchas: XIX, 420; — „Apéndice á la Relación del Viage al Magallanes", p. 60; — Sapper: „Beiträge", p. 40; — Breton: „Car. Franç." p. 444 I—II. (?).

Amazone mit Pagajen-Schlagen und Messerstichen die Disziplin aufrecht erhielt, ohne dass auch nur einer der vielen in den Booten anwesenden Männer etwas dagegen einwendete oder dem in so roher Weise gezüchtigten Geschlechtsgenossen zu Hilfe eilte. Vancouver lernte einen „alten Drachen" („a most excessive scold") von ähnlichem Temperament kennen. Die immer wiederholte Geschichte von der „Sklaverei der indianischen Frau" ist überhaupt eine Legende; mit einem Schlagwort ist die Frage nicht zu beantworten. Es gab ebenso viele Unterschiede in der Stellung der Squaw, als es Schattierungen und Nüancen zwischen der sozialen Position einer Pariserin und des Haremweibes am Bosporus gibt. Soviel nur scheint sicher, dass mit dem Sinken der Indianerkultur nach dem Einbruch der Europäer auch die Stellung der Squaw gesunken ist; die indianischen „Königinnen" und „Cacicas" der Zeit der Entdeckungen werden immer seltener. Das Weib mit der Steuer-Pagaje aber ist ein Symbol für die Stellung der Frau in vielen primitiven indianischen Gemeinwesen.[1]

Das Segel.

Segel sind in den Zeiten nach der Entdeckung Amerikas früher oder später und in der einen oder anderen Form über den ganzen Kontinent hin von den Indianern verwendet worden. Hierüber zu sprechen, gehört nicht in den Rahmen dieser Abhandlung. Untersucht muss nur werden, wo der Nutzen des Segels vor der Zeit der Conquista bekannt war oder wenigstens, wo die Wahrscheinlichkeit vorliegt, dass man die Kraft des Windes für die Schiffahrt auszunutzen versuchte.

Schon Balboa erhielt auf dem Isthmus von dem Sohne des Häuptlings Comogre die Nachricht, dass auf der grossen Südsee Fahrzeuge mit Segeln führen. Die Richtigkeit dieser Erzählung ist nicht zu bezweifeln; denn einmal besassen infolge von Handelsbeziehungen die Bewohner der Westseite des Isthmus einige geographische Kenntnis von der Westküste Süd-Amerikas, und dann konnte sich Balboa bei dieser Unterhaltung dreier Spanier als Dolmetscher bedienen, die 18 Monate unter den Indianern gelebt hatten. Die Missverständnisse, die den Spaniern ihr Optimismus aus den Gesten und unverstandenen

---

[1] Vancouver: II, 337, 342—343, 358—362; III, 252; — Meares, in Forster: „Geschichte", I, 258—259; — Jewitt: p. 241; — Purchas: XIX, 422; — Breton: „Car.-Franç.", p. 157 II, 255 II; — Labat: II, 11—12; — van Berkel: p. 106; — Gumilla: I, 323; — Quandt: „Sprache", p. 21; — Bougainville: I, 292; — Weddell, p. 156, 163, 191; — Wilkes: I, 126.

Sätzen der Eingeborenen hervorzuzaubern pflegte, waren also in diesem Falle kaum zu fürchten. Und in der Tat, 13 Jahre später traf Bartolomé Ruiz etwa auf der Höhe von Kap San Lorenzo die erste peruanische Balken-Balsa unter Segel. Es war ein viereckiges, zwischen zwei nebeneinander stehende Masten gespanntes baumwollenes Segel. In späteren Zeiten werden auch dreieckige Rutensegel, gewöhnlich lateinische genannt, in diesen Gegenden erwähnt. Die Peruaner haben später erzählt, dass sie die Kunst des Segelns von Viracocha gelernt hätten, der auf einer Segel-Balsa über das Meer zu ihnen gekommen sei. Diese Überlieferung muss natürlich unseren Blick sofort auf die Polynesier richten, deren Ausleger-Boote ja im Prinzip auch weiter nichts sind, als verbesserte Balsas, und deren östlichste Niederlassung auf der Oster-Insel schliesslich nicht viel weiter von den peruanischen Küsten entfernt ist, als von ihren nächsten westlichen Nachbarn, den Paumotu- und Marquesas-Inseln. Aber die Nachricht ist zu sagenhaft und leer, um weitere Rückschlüsse zu gestatten.

Binsen- und Tierhaut-Balsas vertrugen nur unter ganz ausnahmsweise günstigen Bedingungen ein kleines Baumwollen-, Fell- oder Mattensegel.[1]

Molina sagt, dass als Don García de Mendoza die Ufer des Golfes von Ancud erreichte, die Insulaner des Chiloé-Archipels mit Ruder- und Segelbooten ihre Gewässer befahren hätten. Ercilla aber, der als einer der ersten Spanier auf einer Dalca fuhr, und der offenbar eine grosse Freude an diesen flinken Fahrzeugen gehabt hatte, würde wohl das in ein Gedicht so schön hineinpassende Segel erwähnt haben, wenn es vorhanden gewesen wäre. Ebensowenig sagt Góngora Marmolejo etwas von Segelbooten des Chiloé-Archipels. Auch der Vergleich des Wortschatzes bei Valdivia und Havestadt lehrt, dass die mannigfaltigen Ausdrücke für Segeln und was damit zusammenhängt bei dem um 170 Jahre älteren Valdivia noch nicht vorhanden sind.[2]

Während das präkolumbische Segel bei den Inkaperuanern nicht bezweifelt werden kann, darf das caraibische Segelboot nicht ohne Einwände passieren. Es ist sicher, dass die Insel-Aruaks den Gebrauch

---

[1] Navarrete: III, 432; — Martyr: „Dec. Tres", p. 151; — Las Casas: „Historia", IV, 79; — Zárate, in „Vedia", II, 466 I; — Sarmiento de Gamboa: „Geschichte", p. CX; p. 90; — Garcilaso de la Vega: „Prim. Parte", p. 95; — Oviedo y Valdés: IV, 121—122; — Gutiérrez de Santa Clara: III, 527—528; — Benzoni: p. 388; — Cobo: IV, 216, 219, 221; — Prescott: „Peru", p. 117.

[2] Rosales: I, 172 ff.; — Molina: „Saggio", p. 168, 189—190.

des Segels nicht kannten; Columbus stellt dies ausdrücklich fest. Sie sollen auch das lebhafteste Erstaunen beim Anblick der spanischen Segel gezeigt haben, und dies würde beweisen, dass sie auch bei ihren Nachbarn und Erzfeinden, den Caraiben, eine solche Einrichtung nie gesehen hatten. Aber hier kann man es als sehr fraglich bezeichnen, ob die Spanier bei ihrer Unkenntnis der Eingeborenen-Sprache die Gefühlsäusserungen der Insulaner richtig ausgelegt haben: waren sie erstaunt über den Anblick von Segeln an sich oder über die bisher nie gesehene Grösse von Masten, Tau- und Segelwerk?

Mag dies unentschieden bleiben, so ist hingegen sicher, dass alle ältesten Berichterstatter, der Admiral, sein Sohn Fernando, Petrus Martyr, Dr. Chanca, Bernáldez, Las Casas, auch nicht das geringste von einem caraibischen Segel erwähnen. Erst Oviedo, Castellanos, Herrera sprechen davon, und die Franzosen einer viel späteren Zeit, Breton, du Tertre, Rochefort und Labat, verbreiten sich eingehend darüber. Peschel nimmt ohne Diskussion als sicher an, dass die vorkolumbischen Caraiben das Segel kannten, während er es für unerwiesen hält, dass dies bei den Mayas von Yucatán der Fall war. Ich kann mich dieser Auffassung nicht anschliessen. Ich habe auch das Gefühl, dass die Caraiben das Segel vor 1492 kannten, aber bewiesen ist es nicht, und die Wahrscheinlichkeit ist hier eine weit geringere als bei den Mayas, wo man es als bewiesen betrachten kann. Man sollte doch meinen, dass der Entdecker Amerikas, ein Seemann, der stets mit Vorliebe von den Fahrzeugen der Eingeborenen als Fachmann spricht, der auf seinen letzten drei Reisen andauernd auf der Suche nach Kulturfortschritt und höherer Intelligenz unter den vermeintlichen Völkern Indiens ist, und der nie versäumt, die kleinsten Anzeichen in dieser Richtung sorgfältig zu registrieren, — man sollte doch meinen, dass er ein Segel erwähnt hätte. Sein Sohn Fernando müsste davon gehört haben oder es selbst gesehen haben, seinem Freunde, dem Cura, würde er davon erzählt haben, und Las Casas hätte Angaben darüber in seinen Papieren gefunden. Auch Petrus Martyr mit seinem unverkennbaren Interesse für die Schiffahrt der Eingeborenen hätte sicher nicht das Segel der Caraiben zu erwähnen vergessen, wenn ihm einer der Entdecker davon erzählt hätte. 22 Jahre lang hatten die spanischen Karavelen das Antillen-Meer und den Golf befahren, als Oviedo in die Neue Welt kam und nun als erster von den Segel-Piraguas der Insel-Caraiben und der Bewohner der Lande um Cartagena erzählt. Auch letztere mögen, wie die Motilones von Santa Marta, Caraiben gewesen sein. Diese Tatsachen sprechen dafür, dass die Caraiben die Segelschiffahrt vor 1492 nicht gekannt haben und sie erst nach dem Vorbilde der Spanier annahmen. Wenn ich trotzdem glauben möchte, dass die Caraiben schon ein wenig vorkolumbisches Segeln trieben, so geschieht dies, weil erfahrungsmässig immer eine längere Reihe von Jahren verstreicht, ehe ein Naturvolk eine fremde Erfindung derartig aufgenommen und verdaut hat, dass es sie mit Nutzen verwenden kann. 22 Jahre für die Insel-Caraiben und besonders 11 Jahre für die Anwohner des Golfes von Darien erscheinen aber etwas wenig, um eine so vollkommene Segelschiffahrt zu entwickeln wie sie Oviedo beschreibt, zumal die Caraiben keinen freundschaftlichen Verkehr mit den Spaniern hatten. Ein weiteres Moment liefert die Sprache der Insel-Caraiben, eine echte Seemannssprache; es ist das Holländisch von Amerika. Mehr als 300 Worte, Satz-Verbindungen, Übertragungen aus der Sprache der See aufs Land gibt Breton an, von denen sich wiederum 150 unmittelbar auf die Fahrzeuge beziehen; 26 von letzteren betreffen das Segeln. Alle diese sind einheimische Worte, nicht etwa aus dem Spanischen oder Französischen entlehnt. Eine solche Sprachentwicklung in dieser Richtung setzt sicherlich eine sehr lange Bekanntschaft mit der Segelschiffahrt voraus. Ein Beweis aber für das vorkolumbische Caraiben-Segel ist nicht erbracht.

Die Segel der Caraiben waren nur klein, auf den grossen Kriegs-Piraguas hatten sie gewöhnlich deren zwei; sie waren aus Baumwollenzeug genäht, später aus Leinwand, die sie von den Franzosen erhandelten. Aus ihrer Segelfertigkeit mag nur ein Trick erwähnt werden, weil sie durch ihn in gewisser Weise den Ausleger der Polynesier ersetzten. Wenn der Wind so scharf wehte, dass er den europäischen Schiffen gefährlich wurde, dann fuhren sie unverzagt mit fliegenden Schoten, und nur die Mannschaft auf der Leeseite hielt als Gegendruck sämtliche Pagajen in einer bestimmten Weise im Wasser. Die Piragua schoss dann dahin, „als wäre sie ein Armbrustbolzen".[1]

---

[1] Navarrete: I, 334; — Martyr: „Dec. Tres", p. 65—66; — Castellanos: „Elegías", p. 23 II, estrofa 5; — Oviedo y Valdés: I, 171 I; — Herrera: I, 73 I; — Muñoz: p. 268—269; — Breton: „Car.-Franç.", p. 3 I, 20 I, 30, 48—49, 51 II, 53 II, 76 II, 80 I, 107, 122, 125 II, 128 II, 162—163, 170 II, 194, 219 I, 270—271, 281 II, 331 I, 364 I, 387 I, 407 I, 428 II, 437 II, 455 II, 467 II; — du Tertre: II, 385, 398; — Peschel: „Zeitalter d. Entd.", p. 155; — Peschel: „Völkerkunde", p. 199 u. Anm. 3; p. 205, 206 u. Anm. 2; — Oviedo y Valdés: I, 343—344.

Bei den Mayas, von denen man nach Peschels Ansicht nicht mit Sicherheit behaupten kann, dass sie die Segelkraft verwendeten, liegen die Verhältnisse folgendermassen. Es sind vier verschiedene Fälle zu untersuchen: erstens die 10 oder 5 grossen Maya-Canoas, welche die Expedition Córdoba 1517 bei Catoche antraf; zweitens die Canoas, welche man während Grijalbas Fahrt täglich den Verkehr zwischen dem Festland von Yucatán und den vorliegenden Inseln vermitteln sah; drittens Gerónimo de Aguilar's Canoa und zuletzt die Handels-Canoa im Golfo Dulce, jetzt Golfo Amatique, Guatemala. Das Handels-Boot, welches Columbus während seiner vierten Reise bei den Roatan-Inseln antraf, scheidet von vornherein aus, denn niemand hat behauptet, dass es gesegelt wäre.

Die 10 oder 5 grossen Canoas der Córdoba-Fahrt gingen nach Diaz del Castillo unter „Ruder und Segel", nach Herrera nur unter „Ruder"; Cogolludo hat die Ansicht des ersteren zu der seinigen gemacht. Die Canoas der Grijalba-Expedition segelten, wie Oviedo ausdrücklich angibt; keine Stimme erhebt sich dagegen. Gerónimo de Aguilar kam nach Cortés und Gomara herangesegelt; Bernal Diaz und der Augenzeuge Andrés de Tapia sagen nichts davon. Die Handels-Canoa im Golfo Dulce endlich ging nach Bernal Diaz unter „Ruder und Segel". Andere äussern sich nicht über diesen Fall. Was spätere Schriftsteller, von Villagutierre angefangen, für oder wider gesagt haben, ohne Quellen anzugeben und vielleicht auch benutzt zu haben, kann füglich übergangen werden.

Bei einer kritischen Betrachtung der vier Fälle ergibt sich zunächst, dass Aguilar mit seiner Canoa als belanglos ausscheiden kann; denn selbst wenn wir uns für Cortés und Gomara entscheiden wollten, so bliebe immer noch der Einwurf, dass Aguilar, der als Schiffbrüchiger aus Darien einige Jahre unter den Indianern gelebt hatte, sie die Verwendung des Segels gelehrt hätte. In den übrigen Fällen muss sich die Kritik zugunsten des Segels entscheiden, denn der überall genau und treu befundene Augenzeuge in zwei Fällen, Bernal Diaz, hat zweifellos mehr Gewicht als der Geschichtsschreiber Herrera. Oviedo aber, der, soweit ich sehe, Peschels einziger Beleg für seine Behauptung von der Caraiben-Segelschiffahrt ist, kann doch bei den Mayas nicht einfach ausser acht gelassen werden. Das Segel der Mayas ist also in drei Fällen bewiesen.

Die Azteken waren nicht nur z. Z. des Cortés-Zuges ohne Kenntnis des Segels, sondern sie liefern auch ein Beispiel für die vorhin erwähnte Unfähigkeit der Naturvölker, sich eine fremde Erfindung in kurzer Zeit nutzbar zu machen. Bald nach seinem ersten Einrücken in Mexico liess Cortés Brigantinen bauen und führte Motecuhzoma und seine Grossen bei frischer Brise auf dem See spazieren. Mit gewaltigem Erstaunen bemerkten die Azteken, wie sie über dem Wasserspiegel mühelos dahinflogen, und sahen, wie die Begleit-Canoas weit zurückblieben. Sie hatten Wirkung und Vorzüge des Segels praktisch erfahren. Nicht im geringsten haben sie aber später versucht oder ist es ihnen wenigstens gelungen, sich diese Kräfte dienstbar zu machen. Obwohl sie sich nach den gemachten Erfahrungen sagen mussten, dass solche Segelschiffe für ihre Lagunenstadt und ihre Herrschaft auf dem See die gefährlichsten Gegner sein würden, haben sie es doch offenbar nicht erreicht, sich in dem Zeitraum zwischen Noche triste und Wiedererscheinen der Spanier die Kunst des Segelns anzueignen. Was für einen Nutzen hätten ihnen allein durch Zufuhr von Lebensmitteln blokadebrechende Segler bringen können! Als dann Mexicos letzter Tag gekommen war, soll Guatemoc nach Torquemadas Angabe versucht haben, auf einer grossen Piragua mit Zuhilfenahme eines Segels zu entkommen. Alle anderen Berichte sagen nichts von einem Segel. Hat aber Torquemada recht, was immerhin nicht unwahrscheinlich ist, so muss der Versuch höchst ungeschickt gemacht worden sein. Denn García de Holguín holte das Boot mit seiner schnellsegelnden Brigantine mühelos ein und nahm den Kriegschef der Azteken mit seinen Grossen gefangen.[1]

Roger Williams erzählt, dass die Massachusetts-Indianer bei ihren Fahrten auf See zur Ausnutzung des Windes Felle an kleinen Masten aufzuspannen pflegten, ohne dass sie von den Europäern diesen Gebrauch eines primitiven Segels gelernt hätten. Es ist dies sehr wohl möglich; wissen wir doch auch aus anderen Gegenden, freilich zu erheblich späterer Zeit, dass Indianer ihre mit den Händen gehaltenen Blankets oder einen im Boot aufgepflanzten blätterreichen Busch als eine Art von Segel benutzten. Über die Beothuks ist schon gesprochen und gesagt worden, dass die höchst sonderbare Bauart ihrer Kanus durch den Gebrauch des Segels hervorgerufen worden sein mag. Aber irgendein Beweis für das vorkolumbische Segel in Kanada oder in den New

---

[1] Díaz del Castillo: I, 11, 78, 81, 321—322; II, 306; — Tapia: p. 556; — Cortés: p. 12; — Gomara: „Mexico", p. 20 a; — Martyr: „Dec. Octo", p. 291, 295; — Oviedo y Valdés: I, 533 I; — Herrera: II, 47 II; — Cogolludo: p. 4 I; — Torquemada: I, 570 II; — Ortega: p. 56.

England-Staaten liegt nicht vor. Cabot, Verrazano, Cartier, Lescarbot, Champlain, Hudson erwähnen nichts davon. Als Roger Williams seine New England-Indianer ohne europäische Anleitung, wie er meint, segeln sah, wurden diese Küsten schon seit mehr als 100 Jahren von Kabeljau-Fischern, Sklaven-Jägern, Entdeckern und Abenteurern besucht. Die Indianer hatten nicht nur oft genug Gelegenheit gehabt, europäische Segler zu sehen, sondern sie hatten sich auch hier und da gewaltsam in den Besitz von Segel-Pinassen setzen können. Auch die Missionare trugen früh das ihrige dazu bei, den Indianer mit dem Segel bekannt zu machen. Um sich bei ihren Kanu-Fahrten mit den Eingeborenen von der ihnen höchst beschwerlichen Arbeit des Pagajens loszukaufen, pflegten sie der Besatzung ein grosses Stück Zeug mit dem Bemerken zu schenken, „que cette voile est l'auiron des Pères". Dieses Jesuiten-Segel wird für manchen ungeschulten Sohn der Wildnis ein praktischer Lehrkursus in Navigation gewesen sein.[1]

Von den Tupi und Guarani wissen wir, dass sie sehr früh gewandte Segler waren; ihre Sprachen enthalten eine gute Anzahl von Ausdrücken betreffend Segelwerk und Schiffsmanöver, aber kein Zeugnis ist dafür vorhanden, dass ihre Kenntnis des Segels über das Jahr 1500 zurückgeht.[2]

Kurz zusammengefasst ist im vorstehenden folgendes nachzuweisen versucht worden:

Den Gebrauch des Segels vor der Zeit der Entdeckung Amerikas kannten zweifellos die Inkaperuaner, kaum zu bestreiten ist er bei den Mayas. Es ist wahrscheinlich, dass auch die Caraiben diese Kenntnis besassen; nachgewiesen ist sie aber nicht, und Zweifel haben ihre Berechtigung. Unter allen übrigen Stämmen Amerikas mag hier und dort das Prinzip des Segels dunkel erkannt und die Kraft des Windes in ganz primitiver Form ausgenutzt worden sein, nachgewiesen aber ist das vorkolumbische Segel bei ihnen nicht.

Anker, Ballast und anderes Schiffszubehör.

Als Anker benutzten die Inkaperuaner grosse längliche Steine von der Form der Schleifsteine, die früher die Barbiere zum Schleifen

---

[1] Roger Williams: „Key", p. 223; — Gabriel Archer: p. 73; — Brereton: p. 85—86; — Purchas: XVIII, 304; — Strachey: p. 155; — Lloyd: „On the Beothues", p. 28, 36; — Patterson: p. 136—137; — Catlin: II, 214, and pl. 294; — Kappler: p. 233; — „Rel. d. Jésuites", 1636, p. 70—71.

[2] Soares de Souza: p. 321; — Montoya: „Tesoro", p. 173—174; — Vasconcellos: „Vida de Anchieta", p. 68; — Martins: „Ethnogr.", p. 195.

ihrer Messer zu verwenden pflegten. Die Insel-Caraiben sowie Tupí und Guaraní der Küsten des südlichen Brasiliens umflochten schwere rundliche Steine mit dicken Ruten, so dass „sie in Käfigen zu stecken schienen", während andere, z. B. die Seri, dicke Steine ganz einfach an einem Tau festbanden. Es sind die Senksteine oder Senchilsteine unserer Vorfahren. Die Indianer auf den Flüssen verwendeten entweder ebensolche Ankersteine, wie sie z. B. am Delaware, Susquehannah, in Illinois und Massachusetts gefunden worden sind, oder sie hatten überhaupt keine Anker, sondern steckten, wenn sie ankern mussten, ihre Staken oder in späterer Zeit Masten in das Flussbett und banden ihr Kanu daran.[1]

Über die Schöpfgefässe ist schon gelegentlich gesprochen worden; da die Boote gewöhnlich viel Wasser machten, so fehlten sie selten. In den tropischen und subtropischen Ländern machte man sie aus den halben Schalen der Früchte des Kalabassen-Baumes, in kälteren Strichen wurde Birkenrinde mit Vorliebe zur Herstellung von Össfässern verwendet. Bei den Insel-Caraiben hatte der Kapitän das Geschäft des Sodreinigens mitzuversehen.[2]

Abgesehen von den Beothuks, deren Fahrzeuge darauf zugeschnitten waren, nahmen die Indianer selten Ballast ein; etwas unfreiwilligen Wasserballast in Gestalt des Sodwassers hatte man fast immer. Schiffsproviant und Körbe zum Verstauen von Geräten waren gewöhnlich am Heck des Bootes untergebracht, Trinkgefässe meistens im Bug.[3]

Das Feuer ist die Kleidung des primitiven Indianers. Wir finden daher nicht nur in kälteren Breiten, wo es natürlich erscheint, also an der Magalhães-Strasse und bei den Nordwest-Indianern, sondern auch in Virginia, Florida, Brasilien die Sitte, einen Feuerherd von Lehm, Steinen oder Austerschalen im Boot herzurichten. Aber auch der Zubereitung der Nahrung diente dieser Herd, den man sogar auf den Binsen-Balsas der Colorado-Indianer sehen konnte. Das Feuer half die Austern und Muscheln öffnen, es röstete sie und kochte sie. Die Theorie von der leichtverdaulichen, keinerlei Zubereitung erfordernden

---

[1] Oviedo y Valdés: IV, 121—122; — Breton: „Car.-Franç.", p. 38 I, 129 II, 285 I, 446 II; — v. Ihering: „Anthrop.", p. 38; — Stöcklein: II, 79 (num. 53); — Kappler: p. 234; — Rau: „Prehistoric Fishing", p. 192—197.

[2] „Vita di Cristoforo Colombo", p. 78; — Cobo: IV, 216, 218; — Breton: „Car.-Franç.", p. 31 II, 121 II, 168 II, 170 I, 449 II; — Hennepin: „Description", p. 262; — Rau: „Preh. Fishing", p. 190—191; — Catlin: II, 113, and pl. 210½, fig. f.

[3] Breton: „Car.-Franç.", p. 264 II, 267 II, 276—277, 440, 456 II; — Martius: „Ethnographie", p. 195; — Weddell: p. 320.

Nahrung des Strandes, welche hier und da bei den Versuchen eine Rolle spielt, dem Problem über das Emporkommen und die Verbreitung des primitiven, noch hilflosen Menschengeschlechts beizukommen, dürfte in ihrer Allgemeinheit kaum richtig sein. Wir wissen durch die Zeugnisse von Roger Williams, Strachey, Vancouver, Thevet, du Plessis, Labat, Bougainville und Wilkes, dass Indianer New Englands, Virginias, der Nordwestküste, Brasiliens und der Magalhães-Strasse ihre Austern und Clams vor dem Verzehren rösteten, räucherten oder kochten, während sie keinen Anstand nahmen, Fische, besonders Waltischfleisch, roh zu verzehren. Nach Mortillet hat der prähistorische Mensch der Seine seine Austern ebenfalls vor dem Essen geröstet. Holmes hat aus den Küchenabfällen der virginischen Küsten den gleichen Nachweis geführt.[1]

Das von dem Eigentümer gewöhnlich in der Einsamkeit des Waldes und der Berge angefertigte Boot wurde durch gemeinsame Arbeit des ganzen Dorfes mit Hilfe von Walzen und Hebestangen an das Wasser geschafft und von Stapel gelassen. Man war sehr lustig bei solchen Gelegenheiten und trank gründlich auf Kosten des Bootbesitzers zum Wohle des neuen Fahrzeuges, aber man war auch peinlich bemüht, alle die üblichen abergläubischen Formen innezuhalten und alles Unglück Verheissende zu vermeiden. Wenn z. B. bei den Insel-Caraiben im Moment des Stapellaufes einem der Beteiligten infolge der Kraftanstrengung beim Hineinschieben des Fahrzeuges ein Unglück passierte, so erachtete man in diesem Falle einen solchen Wind von achtern als keine günstige Brise und war überzeugt, dass das Boot lecken oder Wasser übernehmen werde.[2]

Der Indianer ging mit seinem Boot ausserordentlich sorgfältig um; es war sein Augapfel, sein Stolz und seine Freude. Wie ein lebendes Wesen wurde es gepflegt und vor den schädlichen Witterungseinflüssen möglichst geschützt. Gleich auf seiner ersten Reise fand Columbus Bootshäuser bei den Aruaks der Grossen Antillen; bei

---

[1] Cardim: „Narrativa", p. 36; — Mota Padilla: p. 1581; — Herrera: III, 262 I; — Hariot (de Bry): tab. XIII; — Laudonnière: p. 140; — Strachey: p. 127; — Vancouver: I, 262; II, 246; — Thevet: „Singularitez", p. 148; — Marcel: „Fuégiens", p. 9, 10, 10—11, note 11; — Weddell: p. 162, 163, 163; — Wilkes: I, 127; — Roger Williams: „Key", p. 224; — Bougainville: II, 293; — Möllhausen: „Reisen", I, 254—255; — Mortillet: p. 46; — Holmes in „Amer. Anthrop." N. S. IX, 122.

[2] Veigl: p. 84—85; — Breton: „Car.-Franç.", p. 193—194, 331 II, 363 I, 404 I, 479 I; — de la Borde: p. 26.

manchen anderen Stämmen waren sie in der einen oder anderen Form ebenfalls vorhanden. Wo man konnte, zog man die Fahrzeuge zum Trocknen ans Land, besonders die Birken-Kanus und Binsen-Balsas. Andererseits wurden südamerikanische Kanus, deren dickere und sprödere Rindenwände infolge Hitzewirkung sehr leicht rissig wurden, zu ihrer besseren Erhaltung nach dem Gebrauch im Wasser versenkt. Da die Rinde schwer ist, versinkt ein solches Boot mit Wasser gefüllt von selbst; unter Umständen hilft einiger Ballast nach. Die Horden am mittleren Madeira, die Muras, die Canoeiros des Tocantins wandten diese Versenkung auch an, um ihre Kanus den verfolgenden Feinden zu entziehen und um zu vermeiden, dass der Anblick schwimmender oder auf's Land gezogener Boote den Zugang zu ihrem Dorfe verriet. Das Flottmachen solcher absichtlich versenkter oder durch einen Unfall gekenterter Boote geschah mit der grössten Schnelligkeit und Leichtigkeit.[1]

Seemannsgeist.

Über die seemännischen Eigenschaften der Indianer ist im Laufe der Untersuchung schon manches gesagt worden. Der Lucayo-Indianer und der Aruak von Haití, die beide einsam auf ihrer Nussschale unverzagt mitten im Meere treibend von Columbus gefunden wurden, sowie jener andere unglückliche Lucayo, der auf der Flucht aus der Sklaverei in Española schon fast seine Heimat wieder erreicht hatte und von Ayllón aufgefischt wurde, sind typisch für die vorkolumbischen Seefahrten der Indianer im Antillenmeer. Sie scheinen eine recht genaue geographische Kenntnis des ganzen Archipels gehabt zu haben. Die Fahrten der Beothuks nach dem weitausliegenden „Funks" sind schon erwähnt worden, die Algonquins von Neu-Braunschweig und der St. Lawrence-Mündung machten Reisen von 140 bis 170 km an der Labrador-Küste entlang. Die Indianer der Florida Keys sollen nach Escalante Kenntnis der Bermudas gehabt haben, was sehr zweifelhaft ist. Zur Zeit der Entdeckung waren sie jedenfalls unbewohnt; der erste Indianer, der sie betrat, war ein Sklave, wahrscheinlich Caraibe oder Kriegsgefangener der Caraiben, den 1616 das Schiff „Edwin"

---

[1] Navarrete: I, 222, 225; — Marchand: I, 331; — Cobo: IV, 219; — Squier: „Peru", p. 109; — La Hontan: I, 40; — van Berkel: p. 106; — Gass: p. 274; — Gonsalves da Fonseca: p. 29; — Daniel, in „Revista Trimensal", III, 283—284; — Spix u. Martius: III, 1072; — Martius: „Ethn.", p. 262; — im Thurn: p. 296; — Stedman: I, 400.

von den Virginischen Inseln brachte. Die Sewee in Süd-Carolina fassten gegen Ende des 17. Jahrhunderts den verwegenen Plan einer Handelsexpedition nach England, um unter Vermeidung des ihnen so nachteiligen Zwischenhandels ihre Pelze direkt im Lande der Weissen abzusetzen. Sie erbauten eine zahlreiche Flotille grosser Canoas, verstauten in ihnen ihre sämtlichen Felle und bemannt mit fast allen seetüchtigen Männern des ganzen Stammes stachen sie eines schönen Tages gen England in See. Aber kaum war das Land ausser Sicht, als ein Sturm sie überfiel, dem die meisten Boote mit Besatzung zum Opfer fielen, während ein freundlicher Engländer die Überlebenden auffischte und sie — als Sklaven nach Westindien verkaufte. Dies ist wohl das grösste Seeunternehmen, das in historischer Zeit von Indianern geplant und begonnen worden ist, das aber den Schein des Grossartigen verliert, wenn wir beachten, dass die Sewee keine Ahnung davon hatten, wo England liegt; sie dachten es sich viel näher. Die Nordwest-Indianer, die Aruaks von Guayana, von den Franzosen „Les Loups de Mer" genannt, die Tupi gehörten neben den Caraiben zu den tüchtigsten Seefahrern Amerikas. Die Mosquitos haben den Flibustiern gute Dienste geleistet. Aber auch Stämme, die in ihrer Gesamtheit als wasserfern gelten, waren nicht ohne Tugenden auf der See. P. João Daniel spendet den Tapuya-Piloten des unteren Amazonas hohes Lob: kein portugiesisches Schiff befuhr die See und die Flussmündungen dieser Gegenden, ohne einen solchen Piloten an Bord zu haben. Sie waren erfahrene, zuverlässige Seeleute, die lieber ihr Leben aufs Spiel setzten, als dass sie ein ihnen anvertrautes Schiff im Unglück im Stich liessen.

Berühmt in den Überlieferungen der Peruaner ist die Südsee-Fahrt von Tupac Inca Yupanqui. Eine grosse Balsa-Flottille mit 20000 Mann Besatzung soll ihn zu den fernen Inseln Auachumbi und Ninachumbi geführt haben. Neun bis zwölf Monate soll der Inka abwesend gewesen sein und eine interessante Beute heimgebracht haben, aus der besonders Gefangene von schwarzer Hautfarbe bemerkenswert sind. Sarmiento de Gamboa glaubt, dass er Südsee-Inseln erreicht habe, Jiménez de la Espada denkt an die Galápagos. Das erstere ist ausgeschlossen, das zweite sehr unwahrscheinlich, obwohl die Meeresströmung für die Ausreise dorthin günstig ist. Es ist in erster Linie die Ernährungsfrage, deren nicht zu erklärende Lösung von vornherein gegen derartige überlieferte Fahrten misstrauisch machen muss. Wie will Tupac Inka seine 20000 Mann neun Monate lang verpflegt haben?

Selbst die Schildkröten der Galápagos reichen da in kurzer Zeit nicht mehr aus. Kleine, seetüchtige Boote befahren den Ozean ebenso sicher wie grosse Schiffe, wenn das Wetter nicht allzu ungünstig ist, aber die Unmöglichkeit, viel Proviant mitzuführen, schliesst lange Reisen mit grösserer Besatzung für sie aus. Die Südsee-Fahrt Tupac Inka Yupanqui's ist zu legendenhaft, um einen reellen Kern herausschälen zu können.

Sämtliche landferne Inseln Amerikas wurden von den Entdeckern unbewohnt betroffen, selbst Gorgona an der Küste Columbias scheint immer öde gewesen zu sein. Es muss jedoch bemerkt werden, dass mit Ausnahme der Bermudas alle fernliegenden Inseln Amerikas so wenig natürliche Anziehungskraft besitzen, dass sie noch heutzutage ganz spärlich oder gar nicht bevölkert sind.[1]

Soll die Schiffahrt der Indianer richtig gewürdigt werden, so darf ein Blick auf die Natur ihrer Meere nicht vergessen werden. Das Antillen-Meer ist im allgemeinen ruhig und ist zweifellos höchst förderlich gewesen für den Verkehr zwischen den meisten in Sehweite voneinander entfernt liegenden Inseln. Die Besiedlung sämtlicher Inseln war eine Folge davon. Andererseits haben die starken Strömungen, die heftigen und plötzlichen Stürme, die berüchtigten Hurikane, — furacanes, furacani, furicanes, uricanes; jurican, juracan, huracán; aus dem Dialekt von Haití und in die Sprache der Insel-Caraiben übergegangen, — des Golfs von Mexico und des Caraiben-Meeres sicherlich dazu beigetragen, der indianischen Schiffahrt eine weitere Entwicklung zu versagen. Selbst vor der kleinsten Reise, von Insel zu Insel, wurden immer eingehend die Wetteraussichten studiert, da man stets fürchten musste, von einem alles vernichtenden Hurican plötzlich überfallen zu werden. Grössere Reisen zu unternehmen, bei denen man auf längere Zeit das Land aus den Augen verlor, wagte man nicht. Stürme von solcher Heftigkeit und Häufigkeit kennt die Schule der europäischen primitiven Schiffahrt, das Mittelmeer, nicht.

---

[1] Navarrete: I, 180, 191, 231, 241, 275; — „Vita di Crist. Colombo", p. 110, 140, 237; — Las Casas: „Historia", I, 305; — Neussel: p. 10, 11; — Muñoz: p. 92, 93, 104, 110, 182; — Barcia: „Ensayo", Dec. I, p. 51; — Rogers: „Beschreibung", p. 260; — „Col. Doc. Inédit. Arch. Indias" V, 534; — Lawson: p. 4—5; — Mooney: „Siouan Tribes", p. 78—79; — Barrère: p. 166; — Vicente do Salvador: p. 39; — Daniel, in „Revista Trimensal", III, 42—43; — Sarmiento de Gamboa: „Geschichte", p. CX—CXI; p. 91; — „Tres Relaciones", p. XXIII—XXIV; — Jiménez de la Espada: „Las Islas de los Galápagos", p. 371—376; — Cieza de León, in Vedía: II, 357 I; — Vespucci: p. 42, 43; — Torquemada: I, 704—705; — „Historye of the Bermudaes", p. 84; — Restrepo: p. 26.

Viele spanische Schiffe fielen diesen Naturelementen zum Opfer. Der beste und gebildetste Seemann seiner Zeit, Christoph Columbus, beschreibt besonders in den Briefen über seine dritte und vierte Reise in ergreifender Weise seinen Kampf mit den Gewalten des Himmels und der Gewässer. Dazu kam der Teredo, auch Broma genannt, der die Schiffsplanken durchbohrte, Haifisch und Schwertfisch, welche die Gefahren des Meeres in den Augen beginnender Seefahrer entschieden erhöhen mussten. Auch im Grossen Ozean waren Strömung und Winde einem Verkehr zwischen Isthmus und peruanischer Küste wenig günstig, so dass alles in allem die Naturverhältnisse Amerikas primitiven Schiffsverbindungen nicht förderlich waren. Dadurch aber allein, dass die am weitesten vorgeschrittenen Völker der neuen Welt, die Mayas, Nahuas und Inkaperuaner zum gegenseitigen Austausch ihrer Kulturgüter kamen, hätte die Entwicklung Amerikas in ein schnelleres Tempo gebracht werden können.

Wie sehr selbst die Spanier unter diesen Verhältnissen zu leiden hatten, mögen zwei Beispiele zeigen: noch 30 oder 40 Jahre nach der Entdeckung Amerikas ging die Segelroute von Santo Domingo auf Haiti nach der damals wichtigen Perleninsel Margarita nicht quer über das Caraibische Meer, sondern die Schiffe fuhren an Puerto Rico, Santa Cruz und dem ganzen Inselbogen der Kleinen Antillen entlang, bis sie ihren Bestimmungsort erreichten. Im Grossen Ozean war noch lange Jahre nach der Besiedlung Chile's die Verbindung zwischen Callao und Valparaíso oder Concepción eine Küstenfahrt, zu der man für Aus- und Heimreise mindestens ein Jahr gebrauchte. Erst Juan Fernández, der amerikanische Hippalos, schlug kühn den Weg quer über das Meer ein und machte eine Reise in 30 Tagen, die früher ein halbes Jahr in Anspruch genommen hatte.[1]

[1] „Vita di Cr. Colombo", p. 217, 309—310, 332—334; „Select Letters", p. 198; — Martyr: „Dec. Tres", p. 54, 247, 293; — Muñoz: p. 245, 298; — Oviedo y Valdés: I, 167—168; IV, 580—585, 600; — Benzoni: p. 39; — Breton: „Car. Franc.", p. 153—154, 162 I, 186, 305—307, 391 I, 424 II; — du Tertre: I, 496—497; II, 71—74; IV, 305—308; — Rochefort: p. 243—248, 526 II; — Martius: „Wörters." p. 317 I; — Gonzalez de Mendoza: p. 220; — Cabeça de Vaca: „Relacion", p. 6—9; — Garcilaso de la Vega: „Prim. Parte", p. 8 II; — „Noticias Auténticas", XXIX, 222; — „Lettres Édif.", V, 166; — Soares de Souza: p. 37, 50, e passim; „Col. Doc. Inéd. Arch. Indias", I, 336, 339; X, 57—65; — Amunátegui: p. 9—10; — Xerez: p. 26; — Hawkins: p. 201—204; — Mota Padilla: p. 158 II; — Motolinia: p. 200; — Gumilla: II, 243—244.

Das Hindernis für die Entwicklung der amerikanischen Flussschiffahrt waren nicht Winde und Strömungen, sondern wie wir bereits gesehen haben, Wasserfälle und Stromschnellen, die dichten Urwälder mit stürzenden, Wildströme mit treibenden Bäumen, „snags" und „sawyers", und schliesslich Alligator und Jaguar, die dem primitiven Schiffer nicht selten verhängnisvoll wurden. Wir haben gesehen, wie diese Hindernisse derartig waren, dass sie den europäischen Kolonisten zwangen, seine heimatlichen Boote als unbrauchbar aufzugeben, und ihn veranlassten, sich jahrhundertelang lediglich der indianischen Fahrzeuge zu bedienen.[1]

Die Indianer, welche in solchen natürlichen Hindernissen weiter nichts als die böswilligen Gewalten übler Geister erblickten, hatten alle möglichen abergläubischen Zeremonien, Anbetung, Opfer, um diese geheimen Kräfte zu beschwichtigen. An der ganzen peruanischen Küste wurde die See verehrt, die Azteken opferten jährlich einen Knaben und ein Mädchen, die Chippeways versuchten die tosenden Gewässer der Grossen Seen durch ein Hundeopfer zu beschwichtigen, die Algonquins in Virginia spendeten Tabak.[2]

Wie alt die amerikanische Schiffahrt ist, kann man bei den Indianern ebensowenig sagen, als bei allen anderen Völkern, von deren Urgeschichte man nichts weiss. Die Überlieferungen und Legenden, in denen das Fahrzeug eine Rolle spielt, beweisen weniger das hohe Alter des Bootes als die Tatsache, dass es ihrem Herzen nahe stand. Immerhin bezeugen die Flutsagen, dass das Boot in irgendeiner Form seit weit zurückliegenden Zeiten ein Kulturgut der Indianer gewesen ist. Bei Algonquins, besonders Delawaren, Ottawas, Sauks und Foxes, bei Irokesen, Cherokees, Nordwest-Indianern, vornehmlich Twana, Lummi, Makah; ferner bei den Insel-Caraiben, in Darién, bei den Makusi und Aruaks von Guayana, bei den Omaguas und Küsten-Tupí und schliesslich bei den Aruaks von Cuba rettet ein Boot die Überlebenden aus der vernichtenden Flut. Die Sage der zuletzt Genannten ist allerdings höchst verdächtig; sie erinnert stark an die Arche Noah und lässt Erzählungen der Missionare als Grundlage vermuten, wenn

---

[1] „Relaciones Geográficas", I, 14; — Figueroa: p. 219—220; — Veigl: p. 269, 551; — Baucke: p. 93; — Rengger: „Reise", p. 234—235; — Rengger: „Naturg.", p. 167, 168; — Crevaux: p. 458—460, 463—467; — Chaffanjon: p. 40.

[2] Alex. Henry: p. 108, 127, 178—179; — Hariot: fol. C 3 a; — „Ritos Antiguos", p. 350; — Garcilaso de la Vega: „Prim. Parte", p. 13 I, 192, 208 II, 209 II, 311 II.

es auch ein so früher Berichterstatter wie Las Casas ist, der sie uns erhalten hat.[1]

Einen gewissen Beweis für eine sehr lange und intensive Beschäftigung mit der Schiffahrt liefern Körper-Deformationen, die als Kennzeichen ganzer Völkergruppen auftreten. Wie den Stämmen am unteren Colorado und in den Küstenniederungen des Orinoco- und Amazonas-Mündungsgebietes infolge des beständigen Wattenlaufens im Laufe der Generationen eine Art Spreitz- oder „Entenfuss" herangezüchtet worden war, so besassen die Nordwest-Indianer, die Payaguás sowie die Yaganes und Alacalufs der Magalhães-Strasse degenerierende Beine infolge des ewigen Sitzens im engen Kanu. Ihre unteren Extremitäten waren nicht gerade durchweg schwach, aber sie waren derartig missgeformt und reduziert, wie sie nur andauernder Nichtgebrauch durch Generationen hindurch mit daraus folgender Verkümmerung und entsprechender Vererbung hervorbringen kann. Ihre kurzen Beine erschienen angeschwollen und besonders an den Knöcheln stark entstellt; sie machten einen skorbutartigen Eindruck und waren so krumm, dass die Fusssohlen teilweise nach innen verdreht waren.[2]

Das Boot im Frieden.

Im Rahmen dieser Abhandlung ist es nur möglich, die Fischerei und die Wasserjagd der Indianer Amerikas kurz zu streifen. Eine eingehende Untersuchung würde bei der Masse des vorhandenen Materials einen Band füllen.

[1] Schoolcraft: „Hiawatha". p. 223—227; — Couto de Magalhães: p. 168—169; „Lettres Édif." V. 313; — M'Lean: „Twenty-Five Years", I. 192; Schoolcraft: „Iroquois". p. 359; — Brinton: „Lenâpé", p. 180—181; McLean: „Indians". p. 186; — Andree: „Flutsagen". p. 80; — Swan: „Cape Flattery". p. 57; Eells: p. 70—72; — Navarrete: III. 402, 438; — Las Casas: III. 477; de la Borde p. 7; — Richard Schomburgk: II. 319—320; Brett: p. 399; — Federmann und Stade: p. 184; — Marcoy: II. 388.

[2] Möllhausen: „Wanderungen". p. 380—381; — Möllhausen: „Reisen", I. 123; Ralegh: „Guiana", p. 51. note; — Hilhouse: „Memoir". p. 333. note; A. v. Humboldt: „Reise". II, 9; — van Coll: p. 609—610; — Cook: II. 34—35; — La Perouse II. 230; — Meares, in Forster: „Geschichte", I. 214; Lewis and Clark: (Philadelphia 1814) I. 428; II, 57, 115, 130; Sproat: p. 23. note; Mackie: p. 428; Wilkes: I. 122; IV. 297; — Rengger: „Säugeth." p. 4; Marcel: „Fuégiens". p. 2. note; — „Apendice á la Rel. del Viage al Magallanes". p. 27; — Forster: „Bemerkungen", p. 225; — Weddell: p. 191; — Segers: p. 82.

Es dürfte nicht zu bezweifeln sein, dass die ganz primitiven Arten des Fischfanges, Sammeln von Austern, Muscheln und herangetriebenen Fischen, Aufsuchen der auf Watten oder überschwemmt gewesenen Ländern zurückgebliebenen, Fangen mit der Hand, Verfolgen im Wasser mit Waffe, Korb oder Handnetz, Vergiften des Wassers, gemeinsames Wassertreiben gegen eingedeichte Fischfallen, Körbe, Reusen oder Netze, schon vor dem Besitz von Wasserfahrzeugen ausgeübt worden sind. Einige andere Methoden, wie Pfeil-, Speer- und Angel-Fischerei mögen erst vervollkommnet worden sein, nachdem der Indianer gelernt hatte, mit Balsa oder Boot das Wasser zu befahren, während das Fackel-, Harpunen- und Remorra-Fischen wohl erst von diesen Zeiten her datiert. Alle diese genannten Arten des Fischfanges finden sich in Amerika, meistens mehrere von ihnen gleichzeitig nebeneinander. Man kann wohl sagen, dass kein grösserer Raum der beiden Kontinente ohne einen der wichtigeren Fischereibetriebe gefunden worden ist. Für sehr viele Völker lieferte das Wasser die Hauptnahrung. Alle Fischerei fand auf den Wasserläufen, Landseen und an den Küsten statt; Hochsee-Fischerei konnte nicht entstehen, da die Küsten-Fischerei den Bedarf bereits vollkommen deckte.

Das Wehr- und Reusen-Fischen, Speer-Fischen und Fischstechen bei Fackellicht war sehr verbreitet; besonders gute Nachrichten über diese Fischerei haben wir aus dem Norden, aus dem Gebiet der Grossen Seen und von den Ostländern der heutigen Union von Maine bis Florida. Harpunen-Fischerei war bei den Nordwest- und Santa Barbara-Indianern, im südlichen Chile und an der Magalhães-Strasse gut vertreten.

Fast ganz Süd-Amerika war ein riesiges Verbreitungsgebiet der verschiedenartigen Methoden, durch Vergiften des Wassers oder durch vergiftete Köder Fische zu erlangen. Aber auch in Mittel-Amerika, in Mexico, bei den Insel-Caraiben, in den heutigen Südstaaten der Union, bei den Pimas und in California fanden Fischvergiftungen statt. Das Gebiet des Pfeilfischens deckt sich mit dem des Fischvergiftens im allgemeinen; nur treten die Oststaaten, sowie etwa Ohio, Indiana und Illinois hinzu, wennschon in diesen Gegenden das Pfeilfischen wohl nur gelegentlich und sporadisch ausgeübt wurde. Die Omaguas und die Völker der Maynas-Länder schossen die Fischpfeile mit ihren Wurfbrettern ab. Auch das Netzfischen war weit verbreitet; in einzelnen Gegenden fehlte es, in anderen ist es zu Unrecht bestritten worden; es wurde ebenso von Tupí-Völkern ausgeübt wie von Aruaks auf den Grossen

Antillen und Lucayos auf den Bahamas. Die Angel ist vielleicht die jüngste der gegen die Geschöpfe des Wassers verwendeten Fangapparate, aber die archäologischen Funde und die Quellen sagen uns, dass sie fast über ganz Amerika bekannt war. Sie fand sich, nur um in grossen Zügen die wichtigsten Gebiete zu nennen, im ganzen Osten Kanadas und der Union, etwa von den Dakotas und Arkansas bis an den Atlantischen Ocean. Noch neuerdings sind von Moore interessante Funde in Florida gemacht worden, das bisher frei zu sein schien. Die Angel wurde ferner verwendet an der Nordwest-Küste, in California, Mexico mit Yucatán, Mittel-Amerika, auf Grossen und Kleinen Antillen und den Bahamas. Sie war in Guayana ebenso zu Hause wie am Guaviare und im Cauca-Tal, bei den Maynas-Völkern und in erheblichen Teilen Brasiliens. In Peru und im Chaco fehlte sie nicht. Schon im ersten Indianer-Vokabularium, das wir besitzen, in dem von Pigafetta, befindet sich das einheimische Wort für Angelhaken. Die Insel-Caraiben hatten besondere Ausdrücke für die eigenen und für die nach europäischem Muster gemachten Haken. Dem Material nach waren sie aus Kaktus-Stacheln, Holz, Knochen, Muschelschale, Stein, Kupfer oder Gold. Sehr beachtenswert sind die geraden, zweispitzigen Angeldorne, mit Befestigungsrille für die Schnur in der Mitte. Da wo sie vorkommen, entscheiden sie in zweifelhaften Fällen mit Sicherheit zugunsten der präkolumbischen Angel. Sie sind z. B. in Oregon, California, Wyoming, Tennessee und im oberen Amazonas-Gebiet zu Hause gewesen.

Die letzte der wichtigsten Fangarten ist das Fischen der Aruaks von Südwest-Cuba mit der Remorra oder dem Reverso, das ja auch in anderen Gebieten der Erde vorkommt und ein hübsches Gegenstück zum Fischen der Chinesen mit dem Kormorant bildet.[1]

Der Waltisch-Fang ist schon mehr Wasserjagd als Fischfang; ihn betrieb man vornehmlich an der Nordwest-Küste, bei den Santa Barbara-Indianern und an der südchilenischen Küste. Aber auch in Florida wurde den damals dort häufigen Waltieren eifrig nachgestellt. In den kalten Gewässern sind Seehund und Seeotter die wichtigsten jagdbaren Tiere, in den Tropen Seekuh oder Manati, Wasserschwein oder Capibara und die verschiedenen Schildkröten-Arten. Elch und Renntier im Norden, Pekari und Tapir in den warmen Gegenden gaben

---

[1] Moore: „Central Fla.", p. 412, 446 — 447; in seinen übrigen wertvollen Publikationen finden sich ebenfalls Angaben: — „Noticias Autenticas", XXVII, 62; — Figueroa: p. 205; — Magellan's Voyage: p. 48.

nicht selten Gelegenheit zu einer aufregenden Wasserjagd. Die „Chaco" genannten Balsa-Jagden auf dem Titicaca galten besonders den Wasservögeln.

Der Ertrag an Fischfang und Wasserjagd bildete bei vielen Völkern ein wesentliches, bei nicht wenigen das wichtigste Moment ihrer Ökonomie. Diese Ökonomie wird meistens sehr geringschätzig behandelt; wer sie kennen lernen will, muss sich an die spanischen und portugiesischen Berichte der Zeit der Conquista halten. Sie werden ihm die Auffassungen wesentlich korrigieren, welche die Beschreibungen aus neueren Zeiten erzeugen müssen. Denn wie der Biber verwildert und sorglos wird, wenn man seine Kreise stört, so auch der Naturmensch. Das Verfahren, Fische durch Dörren und Räuchern so zu konservieren, dass sie längere Zeit, in kälteren Gegenden ein ganzes Jahr, vorhielten, kannte man in ganz Amerika. Sie, wie auch präservierte Austern und Schildkröten-Eier, Fischmehl, Kaviar, Fischlaich, Tran und Fischöl dienten nicht nur dem eigenen Gebrauch, sondern recht häufig auch als Handelsartikel. Auch als Düngemittel erscheinen Fischköpfe in Perú und New England in der Ökonomie der Eingeborenen.

Besondere Erwähnung verlangt der sogenannte wilde Reis, weil hier das Boot dem Indianer unseren Erntewagen vertrat. Stämme, die den wilden Reis sammelten und zum Teil sogar kultivierten, waren in Nord-Amerika die Odjibways, Menóminies, Sauks und Foxes, Pottawáttomies, Maskoutins, Kickapoos, Ottawas, Huronen, Winnebagoes, Dakotas und Assiniboins; in Brasilien zahlreiche Stämme von Matto Grosso. Für das Säen, erste Behandlung des wilden Reises, für Binden, Ernten und Einbringen ist das Kanu unentbehrlich.[1]

In der indianischen Rasse steckt ein nicht zu verkennender ausgesprochener Handelsgeist, der sich in Geschäften und Unternehmungen mannigfacher Art äusserte. Mehr als in späteren Jahrhunderten war der amerikanische vorkolumbische Handel ein Wasserhandel. Den Geist erkannte schon Columbus in den feilschenden Lucayos und Aruaks von Jamaica, während die Insel-Caraiben im Gegensatz zu ihren Verwandten in Guayana, besonders den Accawais, nur auf Seeraub und kriegerische Unternehmungen bedacht waren und erst im 17. Jahrhundert z. Z. der französischen Kolonisation anfingen ein

---

[1] Martin: „Relations", II, 245—247; — Lafitau: III, 87: — Keating: II, 156; — Stinckney, in „Amer. Anthrop.", IX, 115—121; — Jenks: p. 1038—1064; — Camara: p. 72—73.

wenig Handelsgeist zu entwickeln. Unter den Nahua-Stämmen, besonders bei den Azteken, deren politische Anfänge auf den Handel mit den Erzeugnissen ihres Sees begründet waren, stellten die Kaufleute einen hochgeachteten, gebildeten und äusserst nützlichen Stand dar, deren gewandteste und unternehmungslustigste Vertreter in Tlatelulco und Cholula zu finden waren. Die Bewohner von Urabá waren als tüchtige Händler bekannt, in den oberen Amazonas-Gebieten fanden Ursúa und Aguirre überall reges Handelsinteresse vor, und im Cauca-Tal sass das Handelsvolk der Hevejicos, deren Sprache in einem Umkreise von 200 bis 250 km gesprochen und verstanden wurde. Der primitive amerikanische Handel, dessen Beschreibungen in den alten Berichten uns lebhaft an das noch heute in Ostasien beobachtete Handels- und Markttreiben erinnern, hatte manche Eigentümlichkeiten, von denen in diesem Rahmen nur einige wenige erwähnt werden können. Das Handelsgeschäft ging stets leise vor sich, soviel auch geschachert und gefeilscht wurde. In Kriegszeiten hatten die Weiber stellenweise freies Geleit, damit der Handel nicht einschlief. Bei den Huronen hatten einige Clans ein erbliches Handelsmonopol in gewissen Branchen, dessen Übertretung durch Unbefugte rücksichtslos wie Diebstahl bestraft wurde. Die Montagnais erhoben im Interesse ihres Handels auf den von ihnen kontrollierten Flüssen einen regulären Schiffahrtszoll. In einzelnen Gegenden, wie in New England und Guayana, hatte sich in der heimischen Industrie insofern eine Arbeitsteilung ausgebildet, als gewisse Kunstfertigkeiten in bestimmten Landesteilen allein ausgebildet waren und so Veranlassung zu Austausch und Fernhandel wurden.[1]

Merkwürdigerweise ist behauptet worden, dass im Inkareich Handel unbekannt gewesen sei, dass eine in der Vollendung durchgeführte geschlossene Hauswirtschaft eine solche Einrichtung auch völlig überflüssig gemacht habe. Schon die Handels-Balsa, die Bartolomé Ruiz am Kap San Lorenzo traf, müsste das Gegenteil beweisen, wüssten wir nicht ausserdem durch Blas Valera, Andagoya, Las Casas, Oviedo,

---

[1] „Vita di Cr. Colombo", p. 81—82, 95—96, 336, 338, 345; — Breton: „Car.-Franç", p. 291 I; — du Tertre: II, 383—384, 385—386, 393; — Muñoz: p. 133—134; — Sahagún: II, 335 ff., III, 39 ff.; — Torquemada: II, 537, 585—587; — Oviedo y Valdés: II, 407 II; — „Col. Doc. Inédit. Arch. Ind." III, 404; — Herrera: II, 172; III, 61 II; V, 321; — Tezozomoc: p. 231; — Cabeça de Vaca: „Relación", p. 102; „Relat. des Jésuit." 1636, p. 120 II; 1637, p. 86 II, 99 I; — Lafitau: IV, 54—55; — Vancouver: I, 305, and passim; — Barrère: p. 30, 105—110, 175; — Robert H Schomburgk: p. 208—209; — im Thurn: p. 271—273; — Simón: I, 279.

dass im Inkareich Handel mit Lamas und ihrer Wolle, roher oder gefärbter, mit wollenen und baumwollenen Fabrikaten, mit Töpferwaren, Erzeugnissen des Gewerbefleisses von Kunstschmieden, mit Kartoffeln, Mais, Coca und wahrscheinlich auch Salz und Guano stattfand.[1]

Die Handelswege der Indianer, die sich meistens mit den Kriegspfaden und Ausfallwegen deckten, waren von verschiedener Art. Im Osten von Nord-Amerika lagen die meisten und wichtigsten Siedelungen an den Oberläufen der kleineren Gewässer, weil sie hier entfernt von den grossen Wasserwegen am sichersten waren und zugleich am besten gegen Überschwemmungen und treibende Bäume geschützt waren. Hierdurch und durch die Tatsache, dass sich vielfach die Richtung der Wasserläufe mit den Hauptverkehrsrichtungen nicht deckte, kam es, dass die Verbindungs- und kürzeren Handelswege häufig nach Art unseres Thüringer Rennstieges auf den Höhen, auf den Wasserscheiden liefen. „Old Connecticut Path" von Boston nach Albany, der „Iroquois Trail" quer durch das Land der Irokesen, „Nemacolin's Path" zwischen Potomac und Ohio sind Beispiele hierfür. Die durchgehenden Handelswege jedoch und Ausfallstore für weitreichende Kriegsexpeditionen waren in der Hauptsache auf dem Wasser. Der älteste Weg dieser Art, von Ober-Kanada über Oswego, durchs Land der Irokesen, den Susquehannah abwärts bis zur Cheasapeake-Bai war schon zur Zeit von Pedro Menéndez bekannt. Im trockenen Westen von Nord-Amerika und in Mexico waren die Handelsstrassen im Innern fast durchweg Landwege, während in Süd-Amerika, abgesehen vom schmalen trockenen Westen und vom Süden, die Handelswege fast ausschliesslich auf dem Wasser lagen. Die Waren, welche über See an eine Küste gelangten, kamen teils auf Wasserwegen, teils auf Landpfaden ins Innere. Für die ungemeine Ausbreitung des primitiven Handels über Amerika haben uns die Gräber manche Beweise geliefert, während wir aus historischen Zeiten wissen, dass Entfernungen für den Indianer keine Rolle spielten. Muscheln vom Golf von Mexico sind bei den Huronen im Norden gefunden worden, Catlinit-Pfeifen aus dem roten Pfeifensteinbruch bei St. Peter, Minnesota, bei den Irokesen und Algonquins des Ostens. Die Huronen fuhren alljährlich, von ihren Häuptlingen nach einem geordneten System zu dieser weiten Reise bestimmt, zum Handeln nach Québec, während den Sioux und Crees der

---

[1] Navarrete: III, 430—432; — Garcilaso de la Vega: „Prim. Parte", p. 220 bis 221; — Las Casas: „Antiguas Gentes", p. 49; — „Relaciones Geográf." II, 62, 63, 196; — Oviedo y Valdés: IV, 121—122; — Prescott: „Peru", p. 117, note.

Weg keineswegs zu weit erschien, um in Oswego ihre Geschäfte zu machen.

Die wichtigsten Punkte der grossen Wasser-Durchgangswege sind die Trageplätze. Wir haben gesehen, wie sie Material, Form und Grösse der primitiven Boote Amerikas bestimmt haben. Im englischsprechenden Nord-Amerika unterschied man zwischen „Portage" oder „Carrying Place" und „Discharge". Bei ersterem, dem eigentlichen Trageplatz, wurde das Kanu entladen und Boot und Güter dann hinübergeschafft, während man bei einer „Discharge" das Fahrzeug nur erleichterte und ohne Ladung oder mit einem Teil durch die Kaskaden oder Stromschnellen treidelte. In leichteren Fällen schoss man auch durch die schäumende Flut hinunter, was in Nord-Amerika immer lautlos, nach Poeppig's Erfahrungen in Süd-Amerika mit grossem Geschrei vor sich ging. Zum Tragen der Kanus brauchte man im Norden 1 bis 4 Mann, in Süd-Amerika wurden vielfach Rollen oder Walzen benutzt.

Die Trageplätze, von denen natürlich die wichtigsten die sind, welche zwei Flusssysteme über eine schmale Wasserscheide hin verbinden, waren nach Charakter und Länge sehr verschieden und wechselten auch in sich nach dem Stande des Wassers. Bei Hochwasser konnte es unter Fortfall des Trageplatzes zu einer Bifurkation kommen, während man andererseits sehr erhebliche Strecken mit Boot und Ladung zurücklegen musste. So waren der Trageplatz bei Fort Stanwix, heute Rome, der den Mohawk mit dem Oneida-See verbindet, 4,8 bis 8 km lang, der, welcher über Mahoning und West Branch of the Susquehannah den Ohio mit der Chesapeake-Bai verband, 12,8 km; der Trageplatz zwischen Hudson und Wood Creek, also zwischen New York und Montreal, war 16 bis 19 km lang, während die Landverbindung zwischen Ucayali und Madre de Dios sogar 22 km betrug.

Es ist nicht möglich, hier auch nur flüchtig auf die wundervollen Wasserverbindungen der beiden Amerikas einzugehen oder auch nur die wichtigsten Trageplätze zu nennen. Wer am St. Lawrence bei Anticosti in Nord-Amerika einfuhr, konnte auf verschiedenen Wegen in der Hudsons-Bai, an der Mündung des Mackenzie, bei New York, Baltimore oder New Orleans mit seinem Kanu wieder hinausfahren, und wer an der Orinoco-Mündung die Flusssysteme Süd-Amerikas betrat, konnte sie bei Pará oder Montevideo wieder verlassen.[1]

---

[1] Champlain: I. 85—86. 622 629; — Shea: p. 335; — Sagard: „Histoire", I. 246; — „Doc. Col. Hist. St. N. Y.". III. 706; V, 729; VI, 837; VII, 543; VIII, 121.

Besonders die Eingeborenen Süd-Amerikas östlich der Cordilleren haben ihre Wasserverbindungen gründlich ausgenutzt. Landhandel ist vielfach ausgeschlossen und hat auch da, wo er möglich war, nur eine vergleichsweise geringe Bedeutung gehabt. Als Orellana als Erster den Amazonas hinunterfuhr, bemerkte er, dass aller Handel und Wandel auf dem Wasser stattfand; Cabeza de Vaca machte dieselbe Beobachtung auf dem Paraguay und seinen Verbindungen bis nach Brasilien hinein. Ein wichtiger Handelsweg ging vom Orinoco über den Guaviare und Nebengewässer des Japurá in das Gebiet des oberen Putumayo und Napo; Rio Negro und Rio Branco verbinden Venezuela und Guayana mit dem Amazonas-Becken. Auf diesen zuletzt genannten drei Wasserwegen fand in späteren Jahrhunderten ein lebhafter Sklavenhandel statt.[1]

Während der indianische Handel auf den herrlichen Wasserverbindungen im Innern der beiden Kontinente trotz der europäischen Kolonisation im allgemeinen keineswegs abnahm, sondern stellenweise offenbar an Bedeutung gewann, nahm er eine ganz andere Entwicklung auf der See. Auch hier waren die Canoas, Piraguas und Balsas von ganz erheblichem Belang für den Güterverkehr gewesen, aber der eingeborene Handel verschwand von den Meeren wenige Jahrzehnte, nachdem die europäischen Schiffe begonnen hatten, die betreffenden Verkehrsstätten in grösserer Zahl zu besuchen. Von dem Handel der Insel-Aruaks, die ihre heimatlichen Gewässer so gut kannten, von den Unternehmungen ihrer Stammesverwandten in Paria und im Orinoco-

---

and note; IX, 77; — Thomas: „Catalogue", maps; — Kane: „Wanderings", p. 8, note; p. 443, pl.; — Pouchot: II, 293; III, 129 ff.; 155 ff.; 165 ff.; — Le Beau: I, 152—154; — Hind: I, 2; — Poeppig: II, 283—284; — Baucke: p. 90; — Gookin: p. 153; — Chaumonot: p. 51; — Lafitau: III, 197—200; — Mackenzie: II, 251; — Catlin: II, pl. 239; — Winsor: „Mississippi Basin", p. 22—32, 260—261; — Benton: „Wabash Trade Route", p. 10, 11; — „Lettres Édif.", IV, 83, 447; — „Globus", Bd. LXXI, p. 36; — Stöcklein: II, 52 (num. 48.); II, 71 (num. 51.); IV, 45 (num. 90.); — „Noticias Auténticas", XXVI, 257—258, 263, 269; XXX, 195, 209, 219, 383—84; XXXII, 132; XXXIII, 54; — Gonsalves da Fonseca: p. 53, 56, 58, 59, 60, 63, 66—69, 72; — Ribeiro de Sampaio: p. 90—91, 98, 101, 110—112; — Grillet et Bechamel: p. 217—218; — A. v. Humboldt: „Reise", IV, 23—24; V, 13; — R. H. Schomburgk: p. 207, 214—215, 410, 424, 471—472; — Richard Schomburgk: I, 155; II, 296—299, 372—373, 392—393, 399—401, 429—430, 473; — Marcoy: I, 464, 465, 529—530, 549; II, 138—141; — Crevaux: p. 129—131, 132, 155; — im Thurn: pl. III.

[1] Duro: „Rios de Venezuela", XXVIII, p. 159—160; — Brett: p. 479, note; — Carvajal: p. 180; — Manuel Rodriguez: p. 116; — Cabeza de Vaca: „Naufr. y Comentarios", I, 279—281; — Peña: p. 484.

Mündungsgebiet, die uns Oviedo so anschaulich beschrieben hat, von dem regen Geschäftsleben an den Küsten von Darien und Cartagena hört man in späteren Zeiten gar nichts mehr. Die ganze Ostküste von Mittel-Amerika, von Darien bis zu den Roatan-Inseln, wo es Columbus beobachtete, und von dort um Yucatán herum bis Coatzacoalcos, wo es Córdoba, Grijalba und Cortés mit ihren Begleitern feststellen konnten, war der Schauplatz eines lebhaften und regelmässigen Küstenhandels mit Ausgangspunkt in Yucatán. Hier bei den Mayas gab es Rast- und Gotteshäuser für reisende Kaufleute und eine Kompanie, die ihre Boote an Geschäftsleute vercharterte. Der Transit-Verkehr von dem Festlande nach den vorliegenden kleinen Inseln war sehr lebhaft. Die mittelamerikanischen Rohstoffe und Erzeugnisse der Industrie, die auf dem Markt von Mexico feilgeboten wurden, legten einen erheblichen Teil ihres Weges auf dem Wasser zurück. Dagegen ist ein Handelsverkehr über die Yucatán-Strasse hinüber nach Cuba nicht nachgewiesen.

Man hat gesagt, dass das angeblich von Columbus und Las Casas auf Cuba gefundene Wachs nur auf dem Wege des Handels von dem honigreichen Yucatán nach der Insel gelangt sein könne. Tatsächlich gab es auf Cuba und Haiti keine gelbes Wachs erzeugende einheimische Bienen, aber der von Las Casas gefundene Gegenstand war wahrscheinlich ein in Cuba Alcyodinido genanntes algenartiges Meergewächs, das einer Honigwabe sehr ähnlich sieht; von dem angeblichen Wachs des Admirals aber, welches er als wertvolle Gabe den Katholischen Königen mitbringen wollte, hört man späterhin gar nichts mehr. Wahrscheinlich war er auch in einer Täuschung befangen gewesen.

Im Stillen Ozean war der Güterverkehr im Chiloé-Archipel, ferner von Mocha und Santa María nach der chilenischen Küste und von den Santa Barbara-Inseln nach dem gegenüberliegenden Festlande nicht unbedeutend, trat aber an Umfang und Intensität merklich gegen das rege Handelstreiben zurück, welches an der Nordwestküste Amerikas herrschte. Reisen von Hunderten von Kilometern unternahmen diese unverzagten Seefahrer und führten ihre Waren bis tief in die Buchten, Kanäle und Fjorde der Küste hinein, während auf dem Yukon zeitweise ganze Flottillen von Handelsbooten fuhren, um ihre Güter nach den Märkten im Innern zu bringen.[1]

[1] „Vita di Cr. Colombo", p. 291—293, 293—294, 304, 305—306; Bernáldez p. 274; — Muñoz: p. 102; Las Casas: I, 353—354; III, 112, 114—117; IV, 34. —

Auf das Marktwesen Amerikas und die so interessanten Warenlisten, über die wir durchweg ausgezeichnet durch die damals mehr als merkantil gesinnten Spanier unterrichtet sind, kann nur hingewiesen werden. Es ist beachtenswert, dass nahezu alle wichtigen Märkte am Wasser lagen: in Mexico, wo sie täglich von Tausenden von Canoas besucht wurden, in Urabá, im Cauca-Tal, bei den Chibchas und den Guaycurú. Federmann fand stellenweise die Ortschaften wasserfern, aber die Märkte lagen an den Flüssen. Unter den Handelswaren scheint mir das Salz die interessanteste zu sein; sicherlich war es stellenweise die wichtigste. Es gab zahlreiche Völker in Amerika, die nie ein Körnchen Salz anrührten, während es für andere eine heissbegehrte Ware war. Die Onondagas gingen um ihre später so bekannt gewordenen Salzquellen im grossen Bogen herum, weil sie meinten, ein böser Geist sässe darin und mache das Wasser bitter; nicht weit entfernt jedoch von ihnen nutzten die Shawnees die Licks des oberen Ohio-Beckens aus. Die Tlaxcalteken betrachteten es als eine der schwersten Folgen ihres permanenten Kriegszustandes mit den Azteken, dass sie von jeglicher Salzzufuhr abgeschnitten waren. Viele dem Golf von Mexico anwohnende Stämme ersetzten das fehlende Salz durch scharfe, pfefferartige Gewürze, andere wieder, besonders in Guayana und im Amazonas-Becken, gewannen „vegetabilisches Salz" durch Verbrennen von Pflanzen. In Yucatán und an der Mosquito-Küste machte man Salz durch Eindampfen des Meerwassers, die Bewohner der Cartagena-Küsten beuteten die Insel Zamba aus, während die Steinsalzlager der Maynas-Länder einen ausserordentlichen Zuspruch hatten. Die Salzpfannen am Black River, die Le Page du Pratz erwähnt und die wohl Caddo-Stämmen zugehörten, sind offenbar dieselben, über die uns die Expedition de Soto Andeutungen macht. De Soto und Orellana, die als Erste grössere Teile von Nord- und Süd-Amerika durchquerten, stiessen auf die Spuren des Salzhandels. Das Salz im primitiven Amerika mit allen den Einzelheiten, die uns über seine Gewinnung oder Vernachlässigung, seine Verwendung und

---

Juan Díaz: p. 293; — Cortés: p. 399, 421; — Díaz del Castillo: I, 33, 72, 73; II, 306; — Oviedo y Valdés: II, 266—268; III, 140 I, 245; — Gomara: „Mexico", p. 250a, 257, 262, 265a; — Milla: p. LIX; — Sapper: „Handelsbeziehungen", p. 594—598; — Torquemada: I, 712 II, 713, — „Col. Doc. Inédit. Arch. Indias", VIII, 555; — Vancouver: II, 325; — Wrangell: p. 63—65, 115; — Whymper: p. 199; — Krause: „Tlinkit", p. 184—187; — Niblack: p. 337, 338; — Macfie: p. 430; — Rosales: I, 173; — Góngora Marmolejo: p. 84—85.

seinen Handel gegeben sind, bildet ein beachtenswertes Kapitel aus der Geschichte der Menschheit.

Es ist wohl denkbar, dass der ganz primitive, hilflose Mensch hier und da in Wasserwohnungen seine Zuflucht suchte, bevor er im Besitz einer Balsa oder eines Bootes war; Nestwohnungen und Pfahlbauten können aber erst zu einer gewissen Entwicklung gekommen sein, nachdem es der Mensch gelernt hatte, die Verbindung zwischen seiner Wohnung und dem festen Lande durch irgendeine Art von Fahrzeug herzustellen. Die schönsten Wasserbauten Amerikas sahen die Spanier auf den Seen des Tals von Mexico; der Eindruck, den ihr erster Anblick auf die Conquistadoren machte, ist uns wirkungsvoll beschrieben. Da lagen, leuchtend unter den Strahlen der Tropensonne mitten im Wasser oder an den Rändern halb hineingebaut, das Salzmacher-Pueblo Iztapalapán, Mexicalcinco, Niciaca, Mizquic, von den Spaniern Venezuela genannt, Ocholopozco, heute Churubusco, Xaltocán, Xuchimilco, Cuyuacán und die Herrin Aller, Tenochtitlán, das alte Mexico. Um einen festen Inselkern streckte es sich nach allen Seiten in den See hinaus, eine Wasserstadt wie Venedig. Die Strassen in diesen Stadtteilen waren Kanäle, an den Häuserreihen entlang führten ganz schmale Fussteige, Zugbrücken verbanden Haus mit Haus. Manche Häuser und Häuserkomplexe lagen vollständig von dem Kern der Ansiedlung getrennt. Die kleinen gondelartigen Canoas mit hohem Bug und Heck waren die Hauptverkehrsvermittler und trugen dazu bei, den Spaniern dieses Ebenbild von Venedig vollständig zu machen. Die Chinampas, die schwimmenden Gärten der Azteken, treten zu diesem Bilde hinzu, das trotz eines ständigen Sinkens des Wasserspiegels von 1524 an und trotz grossartiger Erdarbeiten der Spanier doch noch nach Jahrhunderten ab und zu den späteren Generationen wieder hervorgezaubert wurde, wenn Mexico infolge ungewöhnlicher Hochwasser jahrelang überschwemmt war. So wie das alte Mexico war, stellte es den militärisch stärksten Platz im ganzen Amerika dar, an den vielleicht nur die Quiché-Feste Atitlán in Guatemala heranreichte.

Überschwemmungen waren auch der Grund für die Nestwohnungen mit teilweisem Lehmfur in Sinaloa und für die Wasserwohnungen der Huaxteken am Rio Chila, Pánuco, die nur vermittelst Canoas erreichbar waren.[1]

---

[1] Cortés: p. 83—84, 186; — Diaz del Castillo: I, 226, 265, 266 y nota: p. 267, 268, 290, 299, 310, 362, 419, 421, 478, 485, 488, 490; II, 12, 42, 51, 53, 73, 75, 79,

Reguläre Nestwohnungen traf auch Columbus in Veragua an und Balboa in Urabá, während Cortés auf seinem Marsch nach Honduras in dem kleinen Maya-Kazikat Mazatlán, nördlich der Lacandones, auf eine Wasser-Festung stiess.[1]

Auf der Lagune von Maracaibo fanden Hojeda und Vespucci zuerst die Pfahldörfer der Onotos und Guiriquiris, die Kapitän Pina Ludueña um 1600 Aliles nennt, und deren Nachkommen oder wenigstens Sittenverwandte, die Goajiros, noch heute teilweise in Pfahlbauten wohnen. An der Orinoco-Mündung sassen zur Zeit der Conquista und auch noch später zweifellos Warraus, die in Pfahlbauten und Nestwohnungen lebten, während im 19. Jahrhundert auch im Innern unter den Oyampis am Oyapok Pfahlbauten angetroffen wurden.[2]

In Florida bemerkten schon die Spanier der Expedition de Soto, dass die Eingeborenen der Überschwemmungen wegen ihre meist an Flüssen und Seen gelegenen Dörfer auf hohen Mounds zu erbauen pflegten oder doch wenigstens die Hütten ihrer Häuptlinge und Vornehmen, etwa 10 bis 20 Gebäude. Im 19. Jahrhundert haben die in das Südende der Halbinsel zurückgedrängten Seminolen das Problem in der Weise gelöst, dass sie zum grössten Teil in Pfahlbauten, sogenannte „Shacks", gezogen sind.[3]

Periodische Überschwemmungen und auch wohl unsichere Verhältnisse hatten die Küstenbewohner der kolumbischen Küste etwa zwischen den Inseln Gorgona und Gallo in Nestwohnungen getrieben, während im Innern, an den Grenzen des Inkareichs, der in seinem

---

108, 125, 126, 151, 153; — Ramusio: fol. 257, E—F; fol. 258; — Zuazo, in „Col. Doc. Hist. de Mex.", I, 366; — Motolinia: p. 187; — Martyr: „Dec. Octo", p. 363—364; — Torquemada: I, 450; — Orozco y Berra: „Historia", Atlas mit Plan von Mexico; — Alegre: I, 231—232; — A. v. Humboldt: „Essai", II, 185—188, 203, 205, 207; — Tezozomoc: p. 230, 232; — Acosta: „Historia", I, 240—241.

[1] „Vita di Cr. Colombo", p. 312; — Herrera: I, 238—239; III, 226 I; — Enciso: fol. LXIX.

[2] Navarrete: III, 7, 225—226; — Simón: I, 37; — Vespucci: p. 13—14; — Enciso: fol. LXIIIa; — Oviedo y Valdés: II, 300—301; — Herrera: IV, 101 I; — Ralegh: „Discovery", p. 50; — Purchas: XVI, 408; — Gomberville: p. 25—26; — Barrère: p. 147—150; — Gumilla: I, 162—164; — Duro: XXVIII, 173; — Richard Schomburgk: I, 162—163; — Appun: II, 541, Abb; — Coudreau, im „Globus" LXI, 308, 309; — Crevaux: p. 29, 61, 158; — s. auch Goering's Zeichnung eines Pfahldorfes der Goajiros auf der Lagune von Maracaibo bei Cronau: „Amerika", II, 199.

[3] „La Florida del Inca": p. 69—70; — Brinton: „Floridian Peninsula", p. 166, 172, 174—175, 175, note; — MacCauley: p. 500, and pl.; — Coe: p. 245—246, and pl.

Baum- oder Pfahldorf im Yaguarcocha-See sitzende Kazike von Cayambe vom Inka Huayna Capac erst bezwungen werden konnte, nachdem er für sein Belagerungsheer eine Flottille von Binsen-Balsas hatte bauen lassen.¹

Im Amazonas-Stromgebiet waren früher nach P. João Daniel Pfahlbauten sehr häufig; die ersten hatte schon Aguirre in der Rio Negro-Gegend gefunden und noch heute werden sie ab und zu angetroffen. Die inselbewohnenden Omaguas und Yurimaguas, die jährlich von März bis Juni vollständig unter Wasser gesetzt waren, aber aus Furcht vor ihren Feinden, den Caumares, Peras, Ticunas und Mayorunas, nicht auf das Festland hinüberzugehen wagten, hatten daher auch eine Art von Pfahlbauhütten, in deren oberen Stockwerken sie diese nasse Zeit des Jahres verlebten. Unten hatten sie ihre Yuca- und Mandioca-Vorräte sorgsam vergraben, während sie oben ihren Mais hatten, der ihnen als Zukost diente zu den reichlich durch den täglichen Fang eingebrachten Fischen und Schildkröten.²

Die befestigten, an Bergabhängen angelegten Pfahlbau-Ansiedlungen der Tlinkit verdankten nicht dem Wasser, sondern den Einfällen der Seeräuber ihre Entstehung.³

Auf Balken-Balsas aufgebaute schwimmende Wohnungen traf man zuweilen auf dem Amazonas an, die von Cabeza de Vaca auf dem oberen Paraguay zur Hochwasserzeit beobachteten Wohn-Canoas sind schon erwähnt worden; die interessantesten Wasserwohner Amerikas sind aber vielleicht die Urus auf dem Titicaca. Sie schweiften in der Hauptsache im Desaguadero-Gebiet auf ihren Binsen-Balsas umher, die sie nach Belieben an Uferfelsen dort festbanden, wo sie gerade übernachten wollten. Ein sporadischer und spärlicher Anbau von bitteren Kartoffeln und Oka lieferte ihnen eine geringe Ergänzung ihrer Fischnahrung.⁴

---

¹ Navarrete: III, 445; — Cieza de León, in Vedia: II, 357 f. 378 f; Montesinos: p. 163—166; — Gutiérrez de Santa Clara: III, 515.

² Simón: I, 289; — „Noticias Auténticas", XXX, 197, 207—208; — Texeira XIII, 425—426; — Stöcklein: II, 68, num. 51.); — Daniel, in „Revista Trimensal", II, 349; — Marcoy: II, 402, 405; — „Globus", XCI, p. 227 ff; — Coudreau: „Tocantins-Araguaya" p. 167.

³ Vancouver: III, 289—290; — „Globus" Bd. LXXI, S. 399, Abb.

⁴ Sarmiento de Gamboa: „Geschichte", p. CXIII; — Balboa: p. 145; — Herrera V, 7 III; — Acosta: „Historia", I, 133—134; — Squier: p. 309—319; — Markham-Ballivián: p. 78.

In dieser Gegend befanden sich auch die Balsa-Brücken der Inkas, die einzigen permanenten Schiffsbrücken, welche das vorkolumbische Amerika gekannt hat. Für den vorübergehenden Gebrauch durch seine Truppen liess Inka Huayna Capac eine Brücke von Balken-Balsas über den oberen Marañon schlagen.

Das Boot im Kriege.

Die See-Kriegsgeschichte der Indianer, ihre Räubereien und Wanderungen können nur in wenigen Sätzen berührt werden; einige interessante Punkte sollen jedoch eine etwas eingehendere Beleuchtung finden. Die Nordwest-Indianer, von Peschel „die Normannen der Neuen Welt" genannt, lebten, solange sie den Europäern bekannt sind und beobachtet werden konnten, ganz besonders in der ersten Hälfte des 19. Jahrhunderts, in fortwährenden Seekriegen untereinander. Im oberen Mississippi-Becken waren die Dakotas, besonders die Santees und Sissetons, und dann die Sauks und Foxes wegen ihrer Flussräubereien berüchtigt, während weiter unterhalb die stolzen Flottillen der Arkansas und mehr südlichen Uferstämme die berühmten tagelangen Flussgefechte gegen Moscoso lieferten. Schon vorher war Narváez ausserhalb des Mississippi-Deltas von einer Canoa-Flottille angegriffen worden. Im Nordosten sind die Micmacs durch ihre Wanderung nach New Foundland hinüber bekannt geworden. Die Rolle der Azteken-Canoas und -Piraguas während der Belagerung von Mexico, ihre Ausfälle, Verproviantierung der Stadt durch Lebensmittel aus der Umgegend und durch Wasser aus Xuchimilco, ihre mutige Unterstützung der Landtruppen, ihr schnelles Sammeln durch Rauchsignal und plötzlicher Angriff auf die Brigantinen, denen sie einmal eine empfindliche Schlappe beibrachten, ist eines der interessantesten Kapitel aus der Geschichte der indianischen Marine. Wären die spanischen Brigantinen nicht gewesen, „der Schlüssel des ganzen Krieges", wie sich Cortés ausdrückte, so hätte die von ihrer Kriegs-Flottille verteidigte Hauptstadt der Azteken-Herrschaft nimmer genommen werden können. Die Maya-Flottillen von Campeche und Tabasco haben den spanischen Entdeckern stets eine kühne Front gezeigt.

Die Huaxteken, welche zufolge Sahagún ihre neue Heimat bei Pánuco durch eine Seewanderung erreichten, vernichteten eine Flottille Garay's. Ebenso wissen wir, dass die Chuchures von Nombre de Dios auf dem Isthmus, da wo heute die angeblich Chibcha-Verwandten Cuna sitzen, ihr Land durch Wanderung zu Wasser von Honduras her erreicht haben. Auf der Westseite des Isthmus kennen wir in den Bewohnern der Perlen-Inseln und weiter südlich in den Indianern von Biru ganz gefährliche Seeräuber. Die von Petrus Martyr gegebene Beschreibung des Caraiben-Angriffs auf Alonso Niño in der Gegend von Paria hat für de Foe das Vorbild für seine Seeschlacht im „Robinson Crusoe" geliefert. Als Orellana den Amazonas hinunterfuhr, hatte er ähnliche Flussgefechte gegen die Insel- und Uferbewohner des Stromes zu bestehen, wie fast zur gleichen Zeit Moscoso auf dem Mississippi; auch Aguirre kam nicht ohne Kämpfe durch. Die ganzen Maynas-Völker waren gefährlichere Gegner auf dem Wasser als auf dem Lande, die Gayes, Cocamas, Chipeos und die Gualpajos auf dem Rio Tigre waren ganz besonders erfolgreiche Flussräuber. Markham hat die Omaguas die „Phönizier", Jiménez de la Espada die „Piraten" des Amazonas genannt; Varnhagen erblickt in den Tupi die „Jasons" der brasilianischen Mythologie, die „Phönizier" der Geschichte und die „Normannen" des Barbaren-Zeitalters Brasiliens. Wenn diese sich immer wiederholenden Benennungen auch nicht durchweg geschmackvoll und zutreffend sind, so kennzeichnen sie doch recht gut den maritimen Geist, der in vielen Indianervölkern steckte.

Die später von den Mundrucú aufgeriebenen Muras, die Torás und sogenannten Canoeiros machten jahrelang den Amazonas und seine Nebenflüsse unsicher, die Torazes besonders den Madeira. Die Crichanas waren die Pest der Grenzlande zwischen Venezuela und Brasilien, während der Manáo-Häuptling Ajuricába den Rio Negro mit seiner Canoa-Flottille beherrschte und seine Ufer durch Sklaven- und Raubzüge in Schrecken setzte. Die Payaguás, „die Flusspiraten des Paraguay", waren nicht weniger das Entsetzen der Missionen als die Mamelukken, die sich zuweilen blutige Köpfe gegen die Guarani-Flottillen holten; unter ihrem Kaziken Quati vernichteten die Payaguás eine portugiesische Silberflotte.

Wie die Tupi Brasiliens, deren Wanderung unter Viraratu von den Küsten des Atlantischen Ozeans bis nach Moyobamba am Huallaga hinauf das Erstaunen der Spanier erregte, und deren Kriegsflotten von mehr als 60 Kanus nicht selten europäische Seeschiffe zum Opfer fielen, die tüchtigsten Fluss- und See-Indianer Süd-Amerikas waren, so haben wir in den mittleren Teilen Amerikas die Caraiben als das führende Seevolk, während im Norden die Irokesen mehr wie jede andere Nation der Neuen Welt die wundervollen Inland-Wasserverbindungen für ihre Eroberungszüge ausgenützt haben.

Die Caraiben-Eroberung war noch ganz jung, als Columbus an jenem denkwürdigen 12. Oktober im amerikanischen Mittelmeer eintraf. Noch hatten die Callínago die Erinnerung an jenen Häuptling von kleiner Gestalt aber grossem Mut, der wenig ass und noch weniger trank, und der sie in jenen heroischen Zeiten ihres Volkes aus ihrer Heimat im Lande der Galibi hinaus auf das Meer führte, von Insel zu Insel, von Sieg zu Sieg. Noch zeigten sie als Trophäen aus jener Glanzzeit die nackten Schädel der ausgerotteten Aruaks, noch fanden sich in Höhlen von Martinique die Götter der Besiegten, die Schemen aus Baumwolle, welche die Caraiben aus abergläubischer Furcht nicht anzutasten gewagt hatten, und welche die Europäer nun hervorholten und „noch so schön fanden, als wären sie erst kürzlich gemacht worden". Auch die Verschiedenheit in Männer- und Weibersprache ist nach dem ausdrücklichen Zeugnis der Caraiben auf diese nicht weit zurückliegende Eroberung der Kleinen Antillen zurückzuführen: die männliche Bevölkerung hatten sie vernichtet, die Weiber in ihren Haushalt aufgenommen. Die Verbindung mit ihrer Heimat im Norden Süd-Amerikas hatten sie nie verloren; nützliche Pflanzen, Krebse, eine Hühner- und eine fuchsähnliche Hundeart hatten sie vom Festlande eingeführt, Ebenholz, Angelrutenholz, den beliebten Caracolí-Schmuck und Amazonen-Steine besorgten sie sich in regelmässigem Handel ebendaher. In diese alte Heimat in Guayana und am Orinoco sind sie dann auch in den beiden folgenden Jahrhunderten infolge des Druckes der kolonisierenden Europäer wieder zurückgewandert.

Ein Kriegszug wurde von den Caraiben nicht ohne abergläubische Zeremonien und eingehende Vorbereitungen angetreten. Proviant, Hängematten und geflochtene Matten für das Nachtquartier wurden von den Frauen besorgt und in den Piraguas in Körben verstaut. Als Köchin und zum Kämmen und Bemalen der Mannschaft befand sich in jedem Boot ein Weib. Es war dies offenbar keine Sklavin, sondern eine Caraibin, kenntlich an den Binden unter den Knieen und an den Knöcheln, zwischen denen die Waden hervorquollen, kugelrund und prall, „wie zwei holländische Käse". Die Bemalung mit Rucú war sehr wichtig, denn sie schützte den Matrosen gegen die Angriffe der beissenden Salzkruste des Meerwassers. Dies war im übrigen der einzige Schutz und, abgesehen von einem kleinen Schamtuch, die einzige Bekleidung der Caraiben; denn Schilde besassen sie im Gegensatz zu Aruak-Stämmen nicht. Ein Staken, ein Muschelhorn zum Signalisieren und zuweilen auch ein Sprachrohr gehörten zu einem jeden Boot, und wenn dann alles nach Vorschrift und Herkommen erledigt war, dann schoss die Piragua unter Gleichschlag der Pagajen beim Auslaufen wie ein Pfeil aus der Flussmündung hervor, hinaus auf die Balánna, aufs weite Meer. Rauchsignale verkündeten den geängstigten Insel-Aruaks ihr Kommen, der schreckliche Name „Caribe" ging von Insel zu Insel. Raubzüge von 280—300 km waren etwas ganz gewöhnliches, aber bis zu 1800 km sollen sie sie nach Petrus Martyr ausgedehnt haben, was sie von Montserrat nach Jamaica gebracht haben würde. Die Marine von Puerto Rico hatten sie vom Meere weggefegt, und zum mindesten abenteuernde Caraiben-Häuptlinge mit Gefolgschaft hatten sich bereits auf Haiti eingenistet. Noch am Ende des 16. Jahrhunderts besassen sie soviel Stosskraft, dass sie noch gegen Puerto Rico mit Angriffen vorgingen, die in Castellanos einen Sänger gefunden haben. Spanier, Engländer und Franzosen hatten schwer unter diesen Strand- und Seeräubern zu leiden. Damit sind ihre Erfolge aber auch in grossen Zügen aufgeführt. Nach Florida sind sie nicht vorgedrungen und in Mittel-Amerika sind sie nicht nachgewiesen worden. Der sogenannte caraibische Einfluss auf die Kunst in Florida muss den Aruaks gutgeschrieben werden, während die caraibischen Spuren in Mittel-Amerika auf die sogenannten schwarzen oder St. Vincent-Caraiben zurückzuführen sind, deren unfreiwillige Übersiedelung in diese Gegend wir ganz genau kennen. Es muss dies gesagt werden im Gegensatz zu Bollaert, Oberst Church und ihrer Gefolgschaft. Orozco y Berra will Caraiben in Tabasco und Guatemala gefunden haben. Nach Church spielen die Caraiben im amerikanischen Mittelmeer etwa die Rolle, die eine veraltete Auffassung den Phöniziern im europäischen Mittelmeer so lange zugeschrieben hat. Überall sollen diese „Wikkinger des Westens" gewesen sein. Auf Süd-Cuba, an den Küsten von Yucatán, Honduras, Nicaragua, Costa Rica, Chiriqui und durchweg am Isthmus von Panamá sollen Spuren ihrer Anwesenheit zu finden sein; in allen Ländern um das Caraiben-Meer und den Golf von Mexico herum, die mit einlauffreien Flussmündungen versehen sind, sollen sie verkehrt haben. Worauf Oberst Church diese Behauptungen stützt, ist nicht zu erkennen. Am schönsten kann man aus dem berüchtigten „Auto de Figueroa" ersehen, was alles die Spanier für Caraiben erklärten: die Stämme, welche ungefähr so lebten, wie die echten Caraiben und im

Geruch standen, Kannibalen zu sein, waren „Caribes" und wurden verdammt; nach Sprach- oder Stammeszugehörigkeit fragte kein Mensch. Abgesehen von den „schwarzen" Caraiben ist, soweit ich sehe, kein ethnisch dem Caraiben-Stamme zugehöriges Volk westlich der Motilones von Santa Marta festgestellt worden.[1]

Wie wir gesehen haben, waren ihre unglücklichen Gegner, die Insel-Aruaks, von Hause aus keineswegs zu verachtende Seeleute. Aber zu dem Alp der auf ihnen lastenden Caraiben-Gefahr kam jetzt der Druck der rücksichtslos und brutal ausbeutenden Europäer und hat sie vollständig demoralisiert. Willenlos starben sie dahin, und was der Tod übrig liess, suchte sich, wenn möglich, durch Auswanderung zu retten. So floh ein Teil von Haiti nach Curaçao, andere entkamen um 1510 und früher nach Cuba. Zwischen den Bahama-Inseln und dem benachbarten Florida hatte immer einige Verbindung bestanden; jetzt, um 1520, wanderte eine ganze Kolonie Aruaks von Cuba nach der nordamerikanischen Halbinsel aus und fand gute Aufnahme unter den Calusa. Die Aruaks also sind es, welche die Brücke von Süd- nach Nord-Amerika geschlagen haben, nicht die Caraiben.[2]

Schon 1535 hatte Cartier in Hochelaga Andeutungen über die Irokesen erhalten, zu einer Zeit, als wohl ihr Bund in der uns bekannten Form noch nicht befestigt war. Dann traf Captain Smith an der oberen Chesapeake-Bai die vielumstrittenen Massawómekes, die wohl dem Irokesen-Bunde nahe standen und Streifzüge den Susquehannah hinunter zu machen pflegten. Zwei Jahre später hatte dann Champlain bei Ticonderoga sein berühmtes Gefecht mit einer nach Norden ausfallenden Bande dieser grimmigen Krieger. In jedem der beiden Fälle befanden sich die Irokesen in ihren Ulmen-Kriegs-Kanus; beide sind typisch. Denn die Irokesen nutzten die glückliche geographische Lage ihrer Heimat nach jeder Richtung hin militärisch aus. Unter Benutzung eines oder höchstens zweier Trageplätze erreichten sie im Süden und Osten mit leichter Mühe den Ohio, also den Mississippi, ferner den Potomac, Susquehannah und Hudson; im Norden und Westen den unteren St. Lawrence, die grossen Seen und die obere Mississippi-Gegend. Weitere Flussverbindungen brachten sie nach Maine, New

---

[1] Bollaert: „Antiquarian Res." p. 4—5, 33; — Church: „Costa Rica", p. 80—81; — Orozco y Berra: „Geografia", p. 165.

[2] Las Casas: III, 464, 474; — Martyr: „Dec. Octo", p. 466, 499; — Gomara, in „Vedia", I, 178 II; — Herrera: I, 249—250; — „Col. Doc. Inédit. Arch. Indias", V, 536—537.

Brunswick, in die Gegenden des St. John-Sees, zu den Zuflüssen der Hudsons-Bai und bis nach Labrador hinein. Keine einzige dieser weitverzweigten Verbindungen ist von den Irokesen unbenutzt geblieben.

Nachdem in der Nähe den Neutrals, den Eries und Susquehannocks ein Ende gemacht war, wandten sie sich gegen die Catawbas, wobei sie längs der Einfallsstrasse den Manahoac-Bund vernichteten und die Stammsitze der Saponi und Tutelo entvölkerten. Die Cherokee blieben ebensowenig verschont als die Chickasaws im Südwesten. Die Mosopelea am Mississippi, unterhalb der Ohio-Mündung, wurden fast vernichtet. Nördlich von ihnen bekamen die Illinois und Foxes die schwere Hand der Irokesen zu fühlen, deren Streifbanden die Küsten des Michigan-Sees terrorisierten und über Sault Sainte-Marie bis in den Oberen See vordrangen. Das eine Wort „Mohawk" machte die Hudson- und New England-Indianer erzittern, verbreitete seine Schrecken bis zu den Abenakis in Maine und eilte den kommenden Räubern voraus bis zu den Atticamègues am St. John und bis nach Labrador hinein. Pater Buteux hatte dies für unmöglich erklärt. Unbekümmert um die Franzosen fuhren Irokesen-Kanus an Québec vorbei, um 30 km unterhalb der Stadt zu morden und zu plündern. Nahezu sämtliche dieser Ausfälle wurden auf dem Wasser unternommen, die meisten stromabwärts. Flink aber lautlos glitten die Ulmen-Kanus dahin, anfangs bei Tage, später, in der Nähe des Feindes, bei Nacht. Auf den Seen hielt man sich in der Nähe der Ufer, um weniger leicht gesehen zu werden und um bei einem Zusammentreffen mit dem Gegner sofort landen zu können. Denn eine Wasserschlacht vermieden die Irokesen in dem Gefühl ihrer Unterlegenheit gegenüber den leichten Birken-Kanus ihrer Feinde. Vorzeichen wurden genau beachtet, die Natur auf das peinlichste geprüft: jedes Geräusch, jede Bewegung, jede Erscheinung auf diesen wundervollen nordischen Seen, doppelt schön in ihrer Einsamkeit, sprach seine eigene Sprache für den Mann der Wildnis: der Vogelflug, das Zwitschern der Chicadee im Busch, der zitternde Schrei der Lomme. Das Nachtlager wurde gewöhnlich durch Palissaden verschanzt. Kurz vor dem Ziel wurde gelandet, die Kanus versteckte man, um dann zu Fuss zum Angriff, zum Überfall zu eilen. Denn der Irokese kämpfte und siegte zu Fuss, um dann zu Boot noch schneller zu verschwinden, als er gekommen war.

Die Beispiele von Wasserkämpfen zwischen Indianern und Europäern sind zahllos in der Geschichte Amerikas; auch als Verbündete der Weissen oder in ihrem Dienst haben die Indianer nicht ohne Ruhm gefochten. Es kann hierauf nicht näher eingegangen werden. Da aber einmal gesagt worden ist, es seien keine Seegefechte in Amerika bekannt, in denen nicht Europäer mitgewirkt hätten, so verlangt dieser Punkt noch eine kurze Widerlegung. Bei den Nordwest-Indianern weiss die Geschichte von grossen Kämpfen und Seeschlachten zu erzählen, bei denen lediglich Indianer gegen Indianer wirkten, die Überlieferung spricht noch von weit grösseren. Zu Champlain's Zeiten schlugen die Montagnais eine kleine Irokesen-Flottille, 1637 hatten Algonquins, 1672 Susquehannocks ähnliche Erfolge auf dem Wasser gegen dieselben Gegner zu verzeichnen. Die Penobscots hatten eine sehr deutliche Überlieferung von einem Wassersiege ihrer Väter über eingebrochene Mohawks, während ein vereinigtes Geschwader von Ottawas, Huronen und Sauks eine Irokesen-Flottille auf dem Erie-See vernichtete. Es muss bemerkt werden, dass die in jedem Falle geschlagenen Irokesen auch jedes Mal erheblich in der Minderzahl waren. Chippeways vernichteten eine Flottille von Sauks und Foxes auf dem Oberen See, während zur Zeit der ersten spanischen Mission an der südlichen Georgia-Küste eine Seeschlacht zwischen Indianern stattfand, in welcher die eine Partei nach Barcia die Yámassee waren, und in der auf jeder Seite 40 und mehr Canoas fochten. Seeschlachten zwischen Caraiben und Festland-Aruaks, in denen auf jeder Seite etwa 30 Canoas oder Piraguas mit je 30 bis 40 Mann beteiligt waren, sind uns bekannt. Zahlreich sind die Beispiele von Indianer-Seeschlachten an den Küsten Brasiliens. Die Tupinambás, Tupinakins, Tamoyos und Caités sind die Hauptbeteiligten. Auch während des Ursúa-Aguirre-Zuges konnte eine Aktion auf dem Wasser zwischen den Uferbewohnern des Amazonas beobachtet werden. Während der Belagerung von Mexico durch Cortés hatten es die Canoas und Piraguas der Azteken nicht nur mit den spanischen Brigantinen zu tun, sondern sich auch gegen die Flottillen der abgefallenen See-Pueblos ihrer Haut zu wehren. Pachacuti Inka Yupanqui hatte in schweren Balsa-Schlachten gegen die Guacabilicas oder Huancavilcas der Ecuador-Küste zu kämpfen. Die von Montesinos dem Inka Viracocha zugeschriebenen Seekämpfe gegen die Chonos und Inselbewohner von Puná sind wohl ebenfalls auf Rechnung von Pachacuti Inka zu setzen und mögen dieselben oder verwandte Ereignisse im Auge haben. Tupac Inka Yupanqui's Balsa-Kämpfe gegen die Chunchos oder Musus im oberen Beni- oder Mamoré-Becken sind ebenso wie Huayna Capac's Gefechte gegen die in ihren Wasserbauten verschanzten Cayambes nördlich von Quito in anderem Zusammenhang bereits berührt worden. Das Verhalten indianischer Flottillen beim Zusammentreffen mit Columbus, Nino, Hojeda, Cordoba, Grijalba, Narváez, Moscoso und Orellana, um nur einige zu nennen, zeigt auf das deutlichste, dass die Eingeborenen Amerikas an Seeschlachten gewöhnt waren, bevor die Europäer zu ihnen kamen.[1]

Entsprechend dem Charakter des Indianers und der in den Landkriegen von ihm geübten Praxis waren die Hauptnummern der indianischen See-Taktik — von Strategie kann nur selten die Rede sein — der Versuch, den Gegner unbemerkt zu überfallen, ihn in einen Hinterhalt zu locken oder ihn doch wenigstens in einer für ihn ungünstigen Lage zu bekämpfen. Abgeschlagene, quer über die Anmarschstrasse geworfene Bäume, angeschlagene Stämme, die man im richtigen Augenblick auf die feindlichen Fahrzeuge fallen zu lassen versuchte, waren sehr beliebte Mittel. Man war daher auch vorsichtig beim Vormarsch in solchen Gegenden: Patrouillen an den Uferrändern oder Aufklärungs-Boote gingen der Flottille voraus. Der geordnete Anmarsch und ganz besonders der würdevolle Rückzug indianischer Kriegs-Flottillen sind von den Europäern oft bewundert worden. Die Schlachtschiffe des Altertums, die durch ihre Gestalt, durch das Verhältnis von Länge zu Breite und noch sonst in manchen Dingen erheblichen Anklang an die Boote der Naturvölker zeigen, hatten in der Hauptsache eine Gefechts-Taktik von dreierlei Art. Erstens versuchten sie zu rammen, indem das Schiff durch Remenkraft wie ein Wurfspiess auf den Gegner geschleudert wurde. Zweitens suchten sie dem Feinde durch einen Schrägstoss auf einer Seite die Remen abzustreifen und ihn so manövrierunfähig zu machen, und drittens strebten sie danach, wie die Römer zuerst bei Mylae, durch Entern aus einer Seeschlacht einen Landkampf zu machen. Die erste Art war für die zerbrechlichen indianischen Kanus ausgeschlossen, für die Canoas von mindestens

[1] Morton: „Inquiry", p. 22; — Eells, in „Amer. Antiquarian", IX, 100—101; Champlain: I, 120; — „Rel. d. Jésuit.", 1637, p. 84—85; 1672, p. 241; — La Potherie: II, 353—355; — Thoreau: p. 299; — Schoolcraft: „Information", II, 142, plate; — Eastman: „Chicóra", p. 97—98, and plate; — Torquemada: III, 353 II bis 354 I; — Barcia: „Ensayo", Dec. IX, p. 171 II—172 I; Dec. XVIII, p. 287 II; — „Col. Doc. Inédit. Arch. Indias" XX, 223; — Diaz del Castillo: II, 104; — Villagutierre Soto-Mayor: p. 176—177; — Federmann und Stade: p. 150—152; — Soares de Souza: p. 38, 307, 308, 346; — Varnhagen: „Historia", I, 49; — Simón: I, 258 bis 259; — „Revista Trimensal": I, 192; — Sarmiento de Gamboa: „Geschichte", p. 90; — Garcilaso de la Vega: „Primera Parte", p. 240—241; — Montesinos: p. 147 bis 149, 163—166.

sehr zweifelhaftem Wert, da man bei der mangelhaften Kenntnis der
Metallbearbeitung dem Vorsteven nur schwer die erforderliche Widerstands- und Durchschlagskraft zu geben vermochte. Immerhin ist in
den Kämpfen der Nordwest-Indianer zuweilen durch Rammen gewirkt
worden. Die zweite Art der antiken Schlachtentaktik fällt von selbst
fort, da die Indianer keine Remen kannten. Das Entern wurde in
den indianischen Gefechten vielfach angestrebt und hat wohl immer da
den Ausschlag gegeben, wo eine Flottille vollkommen vernichtet wurde.
Ein charakteristisches und wohl das letzte grosse Beispiel indianischer
Enter-Energie, die sich bezeichnenderweise in der Hauptsache bei
Nacht betätigte, haben die berühmten Guaraní-Bogabautes im Kriege
der Triple-Allianz gegen Paraguay geliefert. In der Hauptsache aber
hatten die Indianer die Taktik, welche vom klassischen Altertum bereits
als minderwertig aufgegeben worden war, und die erst nach Erfindung
und Vervollkommnung der Feuerwaffen wieder zu ihrem Recht gekommen ist, nämlich sich aus der Ferne gegenseitig zu beschiessen.
Um sich gegen dieses Beschiessen zu decken, wurden, wie dargelegt,
durch Erhöhung von Bug und Heck aus den Canoas Piraguas gemacht. Zuweilen hatte dieser Plankenaufsatz Schiessscharten, während
einige Stämme, wie Massawómekes und Nachbarn, ihre leichten
geflochtenen Schilde am Bug und Heck als eine Schutzwehr aufpflanzten. Denn hier war der Platz für die Krieger, während die
Pagajer in der Mitte von der Seite aus zumeist ungedeckt waren.
Daher manövrierte man denn auch so, dass immer möglichst nur der
erhöhte Bug oder das Heck dem schiessenden Feinde zugekehrt war.
Wurde dies geschickt gemacht, dann war von der Besatzung nichts
weiter zu sehen als die arbeitenden Hände der Pagajer. Lagen sich
Breitseite und Breitseite gegenüber, dann drückte man durch entsprechende Gewichtsverteilung die dem Gegner zugekehrte Bordseite
so hoch, dass sie Deckung gegen Sicht gewährte. Dies war bei den
leicht kenternden Fahrzeugen gar nicht so einfach. Kamen schwere
Schüsse europäischer Artillerie, dann konnte man es erleben, dass die
ganze Bemannung platt auf den Schiffsboden fiel, um sich wieder mit
Triumph-Geheul zu erheben, wenn niemand getroffen war. Ein besonderer
Trick bei vorbereiteten Schlachten war im Norden das Schleudern von
Feldsteinen, um die dünnen Birken-Kanus leck zu werfen, während
man es als eine schon etwas verfeinerte Taktik bezeichnen muss, wenn
in Guayana so manövriert wurde, dass die Pfeile immer mit dem
Winde flogen. Scheingefechte und Manöver waren unter den Indianern

nicht selten, können aber nichts an der Tatsache ändern, dass die See-Taktik der Eingeborenen Amerikas auf einer recht niedrigen Stufe stand.[1]

Das Boot in Freud und Leid.

Gefässe von bootförmiger Gestalt zum Zerreiben von Mais und Mandioka finden sich mehrfach in Amerika, ohne dass hier ein Zusammenhang irgendeiner Art mit den Booten der Indianer vorläge. Dagegen bestehen offenbar vielfach enge Beziehungen zwischen Trinkgefäss und Canoa. In den ländlichen Teilen von Cuba heissen noch heute ganz allgemein die länglichen Brunnentröge canoas, während in Guayana und in der Orinoco-Gegend die langen bootähnlichen, für grosse Festlichkeiten bestimmten Trinkgefässe gleichfalls canauas oder canoas genannt werden. Ja man ging noch weiter und benutzte eine wirkliche Canoa als Weinbehälter, wenn das für diesen Zweck bestimmte Gefäss für die Zahl und den Durst der Festgenossen zu klein erschien. Joest hat am Poika ein solches Trinkboot gemessen und gefunden, dass es mehr als 2000 Liter fasste. Auch die Mosquito-Indianer benutzten Canoas als Behälter für ihren Ananas-Wein. Ganz derselbe Zusammenhang besteht im Chaco: auch hier dient die Iriartea ventricosa gleichzeitig zum Bau von Booten und Weinfässern und, wenn letztere ihren Zweck nicht genügend erfüllen, dann tritt ein Boot an ihre Stelle. Die Spanier haben daher auch diesen Baum „palo borracho", Saufbaum, getauft. Die Nordwest-Indianer benutzten ihre Canoas als Behälter bei der Bereitung von Fischöl, die Maynas-Völker pressen in den ihrigen das Öl aus den Schildkröteneiern.[2]

Wie bei Freude und Festlichkeiten, so stand auch beim Tode dem Indianer sein Boot nahe. An der ganzen Nordwestküste war die Sitte

---

[1] „Vita di Cr. Colombo", p. 327—328; — Vancouver: III. 276; — Ross Cox: I. 294; — Franchère: p. 194; — Swanton: „Haida Texts", p. 366, 386, 387; Fidalgo d'Elvas: p. 72, 73; — Smith (Arber): p. 425; — Sahagún: „Conquista", p. 41; — van Coll: p. 456; — Cardim: „Narrativa", p. 81, 91; — „Revista Trimensal", VI. 309; — „Noticias Auténticas", XXXI, 47; — Stöcklein: II. 52 num. 48; — „Lettres Édifiantes": V, 160—161.

[2] Krause: „Tlinkit", p. 177—178, u. Abb.; — Bachiller y Morales: p. 362 II; — Dampier: I. 10; — Gumilla: I. 166; — Ralegh: „Discovery", p. 65, note; p. 102 bis 103, note; — Robert H. Schomburgk: p. 110; — van Coll: p. 485; — Joest p. 92; — Crevaux: p. 521; — Chaffanjon: p. 97, 99; — „Noticias Auténticas", XXVI, 428; XXVII, 60; XXVIII, 400; — Marcoy: I, 660—661; — Arenales: p. 116; — Pelleschi: „Matacos", XVIII, 213.

weit verbreitet, den Verstorbenen in einer Canoa beizusetzen. Aber hier, wo er sich am häufigsten findet, und an den anderen noch zu nennenden Stellen beschränkte sich dieser Gebrauch wohl in der Hauptsache auf Häuptlinge und Grossleute. Auch bei den nordischen Germanen wurden ja nur die Seekönige, wurden Harald Hildetand und Sigurd Ring in ihren Drachen verbrannt. Auch griff man wohl gelegentlich zu einem Boot als Sarg, wenn man auf Reisen war, anderes Material für einen widerstandsfähigen Totenschutz nicht zur Hand hatte und wegen Witterung oder grösserer Entfernung das Kanu nicht als Leichenwagen benutzen konnte, um die Gebeine des Verstorbenen in seine Heimat zurückzuführen. Das sporadische Vorkommen von Boot-Bestattung bei Missisaugas und Menóminis mag auf diesen Umstand zurückzuführen sein. Sonst fand sich diese Begräbnisart bei den Santa Barbara-Indianern, an der Mosquito-Küste, wo man einen Pitpan in zwei Hälften schnitt, um Sarg-Boden und -Deckel zu haben, bei den Aruaks von Guayana, bei den Chuntaquiros am Quillabamba, bei manchen Maynas-Völkern, Cocamas und Omaguas. Bei den Völkern am Südende Amerikas ist eine dunkle Sehnsucht nach der See, eine Erinnerung an Zeiten, wo man am Meeresstrande lebte, und ein Glaube, dass die Geschiedenen dorthin wieder zurückkehren würden, weit verbreitet. Man glaubte, dass der Geist des Verstorbenen eine weite Reise über die See zu den Gefilden der Seligen anzutreten habe, und hoffte, ihn zu unterstützen, wenn man ihn in einer Canoa begrub oder wenigstens der Seeküste nahe brachte. Die gänzlich wasserfremd gewordenen Patagonier versuchten daher ihre Toten an den Meeresstrand zu bringen. Araukaner und Cuncos begruben die ihrigen in Canoas, mit dem Gesicht nach der See gerichtet, alles in diesem Glauben an die Schiffahrt der Seele.[1]

---

[1] Vancouver: I, 255, 256; II, 54, 59, 61; III, 242, 290; — La Pérouse: II, 200 bis 207; — Gass: p. 204; — Gibbs: p. 200—205; — Wilkes: IV, 325; — Sproat: p. 259; — Wheeler: „Report", VII, p. 38—39, 124; — Bancroft: „Native Races", I, 205, 206, 220, 247, 288, 744; — Yarrow: p. 112—113, 171—174; — Herrera: II, 681; IV, 19 II; — „Bericht etc. über Theile d. Mosquitolandes", p. 143; — „The Nautical Magazine", I, 572; — „Rel. d. Jésuites", 1637, p. 164 I; — Hoffman: „Menomini", p. 239; — Richard Schomburgk: II, 458; — Bernau: p. 53; — Veigl: p. 302—303; — Smyth and Lowe: p. 241; — Simson: p. 24; — Marcoy: I, 621 et note; — Darwin: p. 169—170; — Domeyko: p. 58; — Rengger: „Reise", p. 141; — Miers: II, 467—468; — Philippi: „Cunco-Indianer", S. 179; — Margry: VI, 15—16.

Verzeichnis der benutzten Quellen.

Amerika im allgemeinen.

Acosta: „Historia Natural y Moral de las Indias". 2 Bde. (Madrid 1894.)
Benzoni: „Novae Novi Orbis Historiae" in Urbani Calvetonis „Historia Indiae Occidentalis" (1586 [Genevae] Eust. Vignon.)
Castellanos: „Elegias de Varones ilustres de Indias" terc. edic. Madrid 1874.)
„Coleccion de Documentos Inéditos Relativos al Descubrimiento, Conquista y Colonizacion de las Posesiones Españolas en América y Occeania", vols, I—IV, IX, X, XIV, XX. (Madrid 1864—1873.
„The Journal of Christopher Columbus (During his First Voyage, 1492—93), and Documents relating to the Voyages of John Cabot and Gaspar Corte Real". (London 1893, Hakluyt Soc.)
„Vita di Cristoforo Colombo, Descritta da Ferdinando, Suo Figlio, e tradotta da Alfonso Ulloa". (Londra 1867.)
„Voyages de François Coreal aux Indes Occidentales" trad. 2 vols. Paris 1722.)
Fernandez d'Enciso: „Suma de geographia q̃ trata de todas las partidas y prouincias del mundo: en especial de las indias". segunda edic. emendada. (Senilla 1530.)
Fletcher: „The World Encompassed by Sir Francis Drake". (London 1854, Hakl. Soc.)
Galvano: „The Discoveries of the New World". (London 1862, Hakl. Soc.)
Hakluyt: „The Voyages of the English Nation to America before the year 1600" edit. Goldsmid. 4 vols. Edinburgh 1889—1890.)
Hamy: „Decades Americanae", in „Revue d'Ethnographie", III, 51—67, 150—160, 508—520; IV, 1—22; V, 167—180, 233—240; VI, 150—160. (Paris 1885—1887.)
„The Hawkins' Voyages during the Reigns of Henry VIII. Queen Elizabeth, and James I." (London 1878. Hakluyt Soc.)
Herrera: „Historia General de los Hechos de los Castellanos, en las Islas, y Tierra-Firme de el Mar Occeano" 5 Bde. (Madrid 1726—1730.)
A. v. Humboldt: „Kritische Untersuchungen über die historische Entwickelung der geographischen Kenntnisse von der Neuen Welt". Ausg. Ideler. 3 Bde. (Berlin 1836—1852.)
A. v. Humboldt: „Vues des Cordillères et Monumens des Peuples Indigènes de l'Amérique". 2 vols. (Paris 1840.)
Kottenkamp: „Der Unabhängigkeitskampf der spanisch-amerikanischen Colonieen". (Stuttgart 1838.)
de Laet: „Nieuwe Wereldt ofte Beschrijvinghe van West-Indien". 2e druck. (Leyden, 1630; Elzevier.)

v. Langsdorff: „Bemerkungen auf einer Reise um die Welt in den Jahren 1803 bis 1807". 2 Bde. mit Atlas. (Frankfurt a/M. 1812.)
Las Casas: „Historia de las Indias", 5 vols. (Madrid 1875—1876.)
„Lettres Édifiantes et Curieuses, écrites des Missions Étrangères", vol. IV et V. (Lyon 1819.)
Petrus Martyr: „De Rebvs Oceanicis et Novo Orbe, Decades Tres." (Coloniae 1574.)
Petrus Martyr: „De Orbe Novo Decades octo", edit. Rich. Hakluyt. (Parisiis 1587.)
Petrus Martyr: „Opus Epistolarum". (Amstelodami 1670.)
Gonzalez de Mendoza: „The History of the Great and Mighty Kingdom of China", transl. (London 1853—54; Hakl. Soc.)
Muñoz: „Historia del Nuevo-Mundo", tomo I. (Madrid 1793.)
Navarrete: „Coleccion de los Viajes y Descubrimientes que hicieron por mar los Españoles desde fines del siglo XV". (Madrid: tomo I [1858]; II [1859]; III [1880]; IV u. V [1837].)
Neussel: „Los Cuatro Viajes de Cristóbal Colón". (Madrid 1892.)
Oviedo y Valdés: „Historia General y Natural de las Indias, Islas y Tierra-Firme del Mar Océano", 4 vols. (Madrid 1851—1855.)
Purchas: „Hakluytus Posthumus or Purchas His Pilgrimes" edit. Hakluyt Soc. vols. XI—XIX. (Glasgow 1906.)
Ramusio: „Navigationi et Viaggi Raccolte". (Venetia, vol. I, 1563; vol. II u. III, 1606.)
Rocha: „Tratado Único y Singular del Origen de los Indios", 2 vols. (Madrid 1891.)
Stöcklein: „Der Neue Welt-Bott mit allerhand nachrichten deren Missionarien Soc. Jesu". Bd. I—III (Augspurg u. Grätz 1728—1736.) B. IV (Wien 1748—1755.)
„A Voyage to South America, by Don George Juan, and Don Antonio de Ulloa" in Barrow: „A Collection of etc. Voyages and Discoveries", vol. II, p. 124—271. (London 1765.)
Vargas Machuca: „Milicia y Descripción de las Indias". 2 Bde. (Madrid 1892.)
Wilkes: „Narrative of the United States Exploring Expedition. During the years 1838, 1839, 1840, 1841, 1842". 5 vols. (Philadelphia 1845.)

Indianer im allgemeinen.

„The American Anthropologist", vols. I—XI (Washington, D. C., 1888—1898). New Series, vols. I—IV (New York 1899—1902), vols. V—IX. (Lancaster Pa., 1903—1907.)
Bancroft: „The Native Races of the Pacific States", 5 vols. (New York 1875—1876.)
Catlin: „Letters and Notes on the Manners, Customs, and Conditions of the North American Indians" 2 Bde. (London 1844.)
Dodge: „Our Wild Indians". (Hartford, Conn. 1882.)
Eastman: „Chicóra and other Regions of the Conquerors and the Conquered". (Philadelphia 1854.)
Grinnell: „The Story of the Indian". (London 1896.)
Hoffman: „Der indianische Birkenrindenkanubau" im „Globus", Bd. LXV. (Braunschweig 1894.)
Jenks: „The Wild Rice Gatherers of the Upper Lakes", in „XIXth Ann. Rep. Bur. Ethnol." Part II, 1013—1137. (Washington 1900.)
Lafitau: „Moeurs des Sauvages Ameriquains, Comparées aux Moeurs des Premiers Temps", 4 vols. (Paris 1724.)

McLean: „The Indians, Their Manners and Customs". (Toronto 1889.)
v. Martius: „Zur Ethnographie Amerika's zumal Brasiliens". (Leipzig 1867.)
Morice: „The Great Déné Race", in „Anthropos", vols. I u. II. (Salzburg 1906 u. 1907.)
Morton: „An Inquiry into the Distinctive Characteristics of the Aboriginal Race of America", 2nd edit. (Philadelphia 1844.)
Rau: „Prehistoric Fishing in Europe and North America" in „Smiths. Contrib. to Knowl." No. 509. (Washington 1884.)
Roman y Zamora: „Repúblicas de Indias", 2 Bde. (Madrid 1897.)
Schoolcraft: „Historical and Statistical Information respecting the History, Condition, and Prospects of the Indian Tribes of the United States". 6 vols. Philadelphia 1851—1857.)
Schoolcraft: „The Myth of Hiawatha, and other oral Legends". (Philadelphia 1856.)
Starr: „American Indians". (Boston 1899.
Thomas: „Catalogue of Prehistoric Works east of the Rocky Mountains". Washington 1891.)
Yarrow: „A Further Contribution to the Study of the Mortuary Customs of the North American Indians" in „First Ann. Rep. Bur. Ethnol." p. 87—203. Washington 1881.

Nord-Amerika im allgemeinen.

„The American Antiquarian", vols. VI, IX. (Chicago, 1884 u. 1887.)
„The American Naturalist", vols. IV, VI. (Salem, Mass., 1871—1872.)
[Barcia:] „Ensayo Cronologico, para la Historia General de la Florida". (Madrid 1723.)
Buschmann: „Die Spuren der aztekischen Sprache im nördlichen Mexico und höheren amerikanischen Norden". (Berlin 1859.)
„La relacion que dio Aluar nuñez cabeça de vaca", etc. (Zamora 1542.)
Charlevoix: „Histoire et Description Generale de la Nouvelle France, avec le Journal Historique". 6 vols. (Paris 1744.)
„Colleccion de Varios Documentos para la Historia de la Florida y Tierras Adyacentes", edic. B. Smith. Madrid 1857.)
Dalton: „Notes on an Ethnographical Collection from the West Coast of North America" etc., in „Int. Arch. f. Ethnogr." X, 225—245. (Leiden 1897.)
Duponceau: „Mémoire sur le Système Grammatical des Langues de quelques Nations Indiennes de l'Amérique du Nord". (Paris 1838.
Earle: „Home Life in Colonial Days". (New York 1898.)
„Gass's Journal of the Lewis and Clark Expedition", edit. Hosmer. (Chicago 1904.)
Kalm: „Beschreibung der Reise, die er nach dem nördlichen Amerika usw. unternommen hat". Übers., 3 Bde. (Göttingen 1754—1764.)
Kane: „Wanderings of an Artist among the Indians of North America". (London 1859.)
ten Kate: „Reizen en Onderzoekingen in Noord-Amerika". (Leiden 1885.)
„History of the Expedition under the Command of Captains Lewis and Clark", edit. McMaster: 3 vols. (New York 1904.)
Margry: „Mémoires et Documents pour servir à l'Histoire des Origines Françaises des Pays d'Outre-Mer". 6 vols. (Paris 1879—1888.)
Pouchot: „Mémoires sur la Dernière Guerre de l'Amerique Septentrionale entre la France et l'Angleterre", 3 vols. (Yverdon 1781.)

Rogers: „Beschreibung von Nordamerica", in „Sammlung der besten und neuesten Reisebeschreibungen", Bd. XI, 163—299. (Berlin 1773.)
Schoolcraft: „Personal Memoirs of a Residence of Thirty Years with the Indian Tribes of the American Frontiers". (Philadelphia 1851.)
Simpson: „Narrative of a Journey Round the World during the years 1841 and 1842". 2 vols. (London 1847.)
Vancouver: „A Voyage of Discovery to the North Pacific Ocean, and Round the World". 3 vols. (London 1798.)
Weld: „Travels through the States of North America, and the Provinces of Upper and Lower Canada, during the years, 1795, 1796, and 1797". (London 1800.)
Wheeler: „Report upon United States Geographical Surveys west of the One Hundredth Meridian". vol. VII. (Washington 1879.)
Winsor: „The Mississippi Basin". (Boston and New York 1895.)

Hudsonbai-Länder und Labrador.

Back: „Narrative of the Arctic Land Expedition to the Mouth of the Great Fish River". (London 1836.)
Franklin: „Narrative of a Journey to the Shores of the Polar Sea, in the yars 1819, 20, 21, and 22". (London 1823.)
Harmon: „A Journal of Voyages and Travels in the Interior of North America". (New York 1903.)
Hearne: „A Journey from Prince of Wales's Fort in Hudson's Bay, to the Northern Ocean." (London 1795.)
Hind: „Explorations in the Interior of the Labrador Peninsula". 2 vols. (London 1863.)
Mackenzie: „Voyages from Montreal through the Continent of North America to the Frozen and Pacific Oceans in 1789 and 1793". 2 vols. (New York 1902.)
M'Lean: „Notes of a Twenty-Five Years' Service in the Hudson's Bay Territory". 2 Bde. (London 1849.)
Petitot: „Monographie des Dènè-Dindjié". (Paris 1876.)
Petitot: „Exploration de la Région du Grand Lac des Ours". (Paris 1893.)
Turner: „Ethnology of the Ungava District, Hudson Bay Territory" in „XIth Ann. Rep. Bur. Ethnol." (Washington 1894.)

Nordwestküste und Alaska.

Allen: „Atuatanas or Natives of Copper River". [Ausschnitt.] (Québec 1889.)
„Des Capitain Jacob Cook's dritte Entdeckungs-Reise in das stille Meer". Übers. Georg Forster. 2 Bde. (Berlin 1787—1788.)
Ross Cox: „The Columbia River; or Scenes and Adventures during a Residence of Six Years on the Western Side of the Rocky Mountains". 2 vols. (London 1832.)
Eels: „The Twana Indians", in „Bull. U. S. Geolog. and Geogr. Survey", vol. III, p. 57—114. (Washington 1877.)
Eells: „Traditions of the Deluge among the tribes of the North-West", in „The American Antiquarian", I, 70—72. (Cleveland, O. 1878.)
Franchere: „Relation d'un Voyage a la Côte du Nord-Ouest de l'Amérique Septentrionale, dans les Années 1810, 11, 12, 13, et 14". (Montreal 1820.)

„Geschichte der Reisen, die seit Cook an der Nordwest- und Nordost-Küste von Amerika, etc. unternommen worden sind", herausg. G. Forster; 3 Bde. (Berlin 1791.)

Gibbs: „Tribes of Western Washington and Northwestern Oregon", in „Contr. North Amer. Ethnol.", vol. I. (Washington 1877.)

Hardisty: „The Loucheux Indians", in „Smiths. Rep. for 1866", p. 311—320. (Washington 1867.)

Holmberg: „Ethnographische Skizzen über die Völker des Russischen Amerika", in „Akt. Finnl. Soziet. d. Wissensch." Abt. I. (Helsingfors 1855.)

„Capitain Jacobsen's Reise an der Nordwestküste Amerikas 1881—1883", herausg. v. Woldt. (Leipzig 1884.)

„The Adventures of John Jewitt" edit. R. Brown. (London 1896.)

Jones: „The Kutchin Tribes", in „Smiths. Rep. for 1866", p. 320—327. (Washington 1867.)

Krause: „Die Tlinkit-Indianer". (Jena 1885.)

„Voyage de La Perouse autour du Monde", 4 vols. (Paris 1798.)

Lewis: „Tribes of the Columbia Valley and the Coast of Washington and Oregon" in „Mem. Amer. Anthrop. Association", vol. I. 147—209. (Lancaster, Pa. 1906.)

Lutké: „Voyage autour du Monde, exécuté etc. dans les années 1826, 1827, 1828 et 1829", 3 vols. (Paris 1835—1836.)

Macfie: „Vancouver Island and British Columbia". (London 1865.

Marchand: „Voyage autour du Monde, pendant les années 1790, 1791, et 1792", 2 vols. (Paris, ans VI et VII.)

Petroff: „Population and Resources of Alaska". Ex. Doc. No. 40. (Washington 1881.)

Poole: „Queen Charlotte Islands. A Narrative of Discovery and Adventure in the North Pacific". (London 1872.)

Sproat: „Scenes and Studies of Savage Life". (London 1868.)

Swan: „The Indians of Cape Flattery", in „Smiths. Contrib. Knowledge", No. 220. (Washington 1869.)

Swan: „The Haidah Indians of Queen Charlotte's Islands, British Columbia", in „Smiths. Contr. Knowledge", No. 267. (vol. XXI.) (Washington 1876.)

Swanton: „Haida Texts and Myths." (Washington 1905.)

Teit: „The Thompson Indians of British Columbia", in „Mem. Amer. Museum Nat. Hist.", vol. II. p. 163—392. (New York 1900.

Whymper: „Travel and Adventure in the Territory of Alaska". (London 1868.)

v. Wrangell: „Statistische und ethnographische Nachrichten über die Russischen Besitzungen an der Nordwestküste von Amerika", herausg. K. E. v. Baer. (St. Petersburg 1839.

Kanada.

„Pierre Boucher et son livre", édit. Benj. Sulte, in „Mém. Société Roy. Canada" 2ième série, vol. II. sect. I, p. 99—168. (Ottawa 1896.)

Bressany: „Relation Abrégée de Quelques Missions des Pères de la Compagnie de Jésus dans la Nouvelle-France", édit. Martin. (Montréal 1852.)

„Bref Récit et Succincte Narration de la Navigation faite en 1535 et 1536 par le Capitaine Jacques Cartier". (Paris 1863, Tross.)

„Oeuvres de Champlain", sec. édit. Laverdière. 2 vols. (Québec 1870.)

„Autobiographie du Père Chaumonot de la Compagnie de Jésus", édit. Martin. (Paris 1885.)
„Collection de Manuscrits, etc. relatifs à la Nouvelle-France", 4 vols. (Québec 1883 bis 1885.)
Alex. Henry: „Travels and Adventures in Canada, etc. between the years 1760 and 1776". (New York 1809.)
„Voyages du Baron de La Hontan dans l'Amérique Septentrionale", 2 vols. (La Haye 1705.)
„Avantures du Sr C. Le Beau, Avocat en Parlement, ou Voyage Curieux et Nouveau parmi les Sauvages de l'Amérique Septentrionale", 2 vols. (Amsterdam 1738.)
Lescarbot: „Histoire de la Nouvelle-France", 3 vols. (Paris 1866; Tross.)
Milton and Cheadle: „The North-West Passage by Land". (London 1901.)
Perrot: „Memoire sur les Moeurs, Coustumes et Relligion des Sauvages de l'Amérique Septentrionale", édit. Tailhan. (Leipzig et Paris 1864.)
Bacqueville de La Potherie: „Histoire de l'Amérique Septentrionale". 4 vols. (Paris 1722.)
„Relations des Jésuites". 3 vols. (Québec 1858.)
„Relations Inédites de la Nouvelle-France (1672—1679)", édit. Martin, 2 vols. (Paris 1861.)
Sagard: „Le Grand Voyage du Pays des Hurons". (Paris 1865; Tross.)
Sagard: „Histoire du Canada", 4 vols. (Paris 1866; Tross.)

New Brunswick, Nova Scotia, Maine, Newfoundland.

Blake: „The Beothuks of Newfoundland", in „The Nineteenth Century", XXIV, 899—918. (London 1888.)
Lloyd: „On the ‚Beothucs‘, a Tribe of Red Indians", in „Jour. Anthrop. Inst. Gr. Brit." IV, 21—39. (London 1875.)
Lloyd: „A Further Account of the Beothuks of Newfoundland", in „Jour. Anthropol. Inst. Gr. Brit." V, 222—230. (London 1876.)
Lloyd: „On the Stone Implements of Newfoundland", in „Jour. Anthr. Inst. Gr. Britain", V, 233—248. (London 1876.)
Patterson: „The Beothiks or Red Indians of Newfoundland", in „Proc. and Trans. Roy. Soc. Canada", vol. IX, sec. II, p. 123—171. (Montreal 1892.)
Rand: „Legends of the Micmacs". (New York and London, 1894.)
Thoreau: „The Maine Woods". (Boston and New York 1889.)
White: „Relation de Terre-Neuve", trad. in „Recueil de Voiages au Nord", vol. III, p. 1—17. (Amsterdam 1715.)

New England.

Archer: „The Relation of Captain Gosnold's Voyage to the North part of Virginia", in „Coll. Mass. Hist. Soc.". Third series, vol. VIII, 72—81. (Boston 1843.)
Brereton: „A Brief and True Relation of the Discovery of the North Part of Virginia", in „Coll. Mass. Hist. Soc." Third series, vol. VIII, p. 83—94. (Boston 1843.)
Gookin: „Historical Collections of the Indians in New England", in „Coll. Mass. Hist. Soc.", vol. I, 141—227. (Boston 1806, reprint.)
Josselyn: „An Account of Two Voyages to New-England". (London 1675.)

Levett: „A Voyage into New England, began in 1623, and ended in 1624" in „Coll. Mass. Hist. Soc.", Third series, vol. VIII, 159—190. (Boston 1843.)
„The Story of the Pilgrim Fathers, 1606—1623 A. D.; as told by Themselves, their Friends, and their Enemies", edit. E. Arber. (London 1897.)
Rosier: „A True Relation of the most prosperous voyage made this present year, 1605, by Captain George Waymouth", in „Coll. Mass. Hist. Soc.", Third series, vol. VIII, 125—157. (Boston 1843.)
Roger Williams: „A Key into the Language of America" etc. in „Coll. Mass. Hist. Soc." vol. III, 203—239. (Boston 1840, reprint.)
Wood: „New England's Prospect". (London 1635.)

New York und die östlichen Mittelstaaten der Union.

Beauchamp: „Aboriginal Use of Wood in New York". (Albany 1905.)
Benton: „The Wabash Trade Route in the Development of the Old Northwest", in „Johns Hopkins University Studies", series XXI, No. 1—2. (Baltimore 1903.)
Brinton: „The Lenâpe and their Legends". (Philadelphia 1885.)
Bruyas: „Radices Verborum Iroquaeorum", edit. Shea. (Neo-Eboraci 1863.)
„Collections of the New-York Historical Society", vol. I (New-York 1811); Second series, vol. I (1841); vol. III, part. I (1857.)
Cooper: „A Guide in the Wilderness", reprint. (Rochester N. Y. 1897.)
Cuoq: „Lexique de la Langue Iroquoise". (Montréal [1882].)
„The Documentary History of the State of New-York". 4 vols. (Albany 1849—1851.)
„Documents Relative to the Colonial History of the State of New-York". 11 vols. (Albany, N. Y., 1853—1861); — new series, vols. I u. II [XII u. XIII old series]. Albany, 1877—1881.)
Heckewelder: „History, Manners, and Customs of the Indian Nations who once inhabited Pennsylvania". New edit. (Philadelphia 1876.)
Loskiel: „Geschichte der Mission der evangelischen Brüder unter den Indianern in Nordamerika". (Barby 1789.)
Megalopolensis: „Kort ontwerp, Vande Mahakuase Indianen, in Nieuw-Nederlandts", in „Beschrijvinghe Van Virginia, Nieuw Nederlandt, Nieuw Engelandt, etc.", p. 42—49. t'Amsterdam 1651; Joost Hartgers.)
Morgan: „League of the Ho-dé-no-sau-nee, or Iroquois". (Rochester 1854.)
„A French-Onondaga Dictionary", edit. Shea. New York 1860.)
de Vries: „Korte Historiael, ende Journaels aenteyckeninge. Van verscheyden Voyagiens in de vier deelen des Wereldts-Ronde, als Europa, Africa, Asia, ende Amerika gedaen". t' Hoorn 1655.)

Die Südstaaten der Union, ohne Südosten.

Beverley: „The History of Virginia. In Four Parts" 2nd edit. (London 1722.)
Bossu: „Nouveaux Voyages aux Indes Occidentales". (Paris 1768.)
Dumont: „Mémoires Historiques sur la Louisiane". 2 vols. (Paris 1753.)
Gatschet: „The Karankawa Indians, the Coast People of Texas", in „Arch. and Ethnol. Papers Peabody Museum". vol. I, No. 2. (Cambridge, Mass. 1891.)
Gayarre: „Histoire de la Louisiane". 2 vols. (Nouvelle-Orleans 1846—1847.)

Hariot: „Admiranda Narratio Fida Tamen, De Commodis Et Incolarum Ritibus Virginiae." (Francoforti a. M., 1590, de Bry.)
Hariot: „A Briefe and True Report of the New Found Land of Virginia", facs. edit. (New York 1903.)
Jefferson: „Notes on the State of Virginia". (London 1787.)
Lawson: „History of North Carolina". (Charlotte, N. C. 1903.)
„The Discoveries of John Lederer in three several Marches from Virginia, to the West of Carolina", reprint. (Rochester, N. Y. 1902.)
Le Page du Pratz: „Histoire de la Louisiane", 3 vols. (Paris 1758.)
Mooney: „The Siouan Tribes of the East". (Washington 1894.)
Mooney: „Myths of the Cherokee", in „XIXth Ann. Rep. Bur. Ethnol." Part. I, p. 1—576*. (Washington 1900.)
Mooney: „The Cherokee River Cult" in „The Journal of American Folk-Lore", vol. XIII, No. 48. (Boston and New York 1900.)
Perrin du Lac: „Voyage dans les Deux Louisianes, et chez les Nations sauvages du Missouri". (Lyon 1805.)
Shea: „The Spanish Mission Colony on the Rappahannock; The First European Settlement in Virginia", in Beach: „The Indian Miscellany" p. 333 ff. (Albany 1877.)
John Smith: „Works", edit. Arber. (Birmingham 1884.)
Strachey: „The Historie of Travaile into Virginia Britannia". (London 1849, Hakluyt Soc.)
„The Memoirs of Lieut. Henry Timberlake", etc. (London 1765.)

Florida, Georgia, Alabama.

Adair: „The History of the American Indians; particularly those Nations adjoining to the Mississippi, East and West Florida, Georgia, South and North Carolina, and Virginia". (London 1775.)
Bartram: „Travels through North and South Carolina, Georgia, East and West Florida". (London 1792.)
Brinton: „Notes on the Floridian Peninsula". (Philadelphia 1859.)
Coe: „Red Patriots: The Story of the Seminoles". (Cincinnati 1898.)
Fidalgo Deluas: „Relaçam verdadeira", in „Collecção de Opusculos Reimpressos Relativos á Historia das Navegações etc. dos Portuguezes" tomo I. (Lisboa 1844.)
Garcia: „Dos Antiguas Relaciones de la Florida". (México 1902.)
Garcilaso de la Vega: „La Florida del Inca". (Madrid 1723.)
Hakluyt: „Divers Voyages touching the Discovery of America and the Islands Adjacent". (London 1850, Hakl. Soc.)
Jones: „Antiquities of the Southern Indians, particularly of the Georgia Tribes". (New York 1873.)
Laudonnière: „L'Histoire Notable de la Floride", édit. Basanier. (Paris 1853.)
Le Moyne: „Brevis Narratio Eorum Quae in Florida Americae Provicia Gallis acciderunt". (Francoforti a. M. 1591, de Bry.)
MacCauley: „The Seminole Indians of Florida", in „Fifth Ann. Rep. Bur. Ethnol.", p. 469—531. (Washington 1887.)
Moore: „Certain Aboriginal Mounds of the Florida Central West-Coast", reprint. (Philadelphia 1903.)

„Recueil de Pièces sur la Floride", edit. Ternaux-Compans. (Paris 1841.)
Romans: „A Concise Natural History of East and West-Florida". (New-York 1776.)

Michigan, Wisconsin, Minnesota, Iowa.

Copway: „The Traditional History and Characteristic Sketches of the Ojibway Nation. (London 1850.)
Hennepin: „Description de la Louisiane, nouvellement découverte au Sud' Ouest de la Nouvelle France". (Paris 1683.)
Hennepin: „Decouverte d'un Pays plus grand que l'Europe situé dans l'Amerique entre le Nouveaux Mexique et la Mer glaciale", in „Recueil de Voiages au Nord", tom. IX. (Amsterdam 1737.)
Hoffman: „The Menomini Indians" in „XIVth Ann. Rep. Bur. Ethnol." part I. (Washington 1896.)
Keating: „Narrative of an Expedition to the Source of St. Peter's River". 2 vols. (London 1825.)
Kohl: „Reisen im Nordwesten der Vereinigten Staaten". (New-York 1857.)
Kohl: „Kitschi-Gami oder Erzählungen vom Obern See". 2 Bde. (Bremen 1859.)

Prärien, Plains und Rocky Mountains.

Burton: „The City of the Saints and across the Rocky Mountains to California". (London 1861.)
Dodge: „The Hunting Grounds of the Great West". (London 1878.)
Gregg: „Commerce of the Prairies, or the Journal of a Santa Fé Trader". 5th edit. (Philadelphia 1851.)
Hayden: „Contributions to the Ethnography and Philology of the Indian Tribes of the Missouri Valley." Philadelphia 1862.)
Heap: „Central Route to the Pacific, from the Valley of the Mississippi to California". (Philadelphia 1854.)
Marcy: „The Prairie Traveler", edit. R. F. Burton. (London 1863.)
Matthews: „Ethnography and Philology of the Hidatsa Indians". Washington 1877.
„Reports of Explorations and Surveys, to ascertain the most practicable and economical route for a railroad from the Mississippi River to the Pacific Ocean". vols. I, III. (Washington 1855—1856.)
Ross: „The Fur Hunters of the Far West", 2 vols. (London 1855.)
de Smet: „Voyages aux Montagnes Rocheuses et Séjour chez les Tribus Indiennes de l'Orégon". (Bruxelles et Paris 1873.)
Prinz zu Wied: „Reise in das Innere Nord-America in den Jahren 1832 bis 1834". 2 Bde. u. Atlas. (Coblenz 1839—1841.)

California mit der Halbinsel.

Baegert: „An Account of the Aboriginal Inhabitants of the California Peninsula", edit. Ch. Rau, in „Smiths. Reports f. 1863 and 1864", p. 352—369, 378—399. Washington 1864 and 1865.)
Boscana: „Chinigchinich; a Historical Account of the Origin, Customs, and Traditions of the Indians etc. of St. Juan Capistrano", in (A. Robinson): „Life in California". New York 1846.)

v. Chamisso: „Bemerkungen und Ansichten auf einer Entdeckungs-Reise unternommen in den Jahren 1815—1818", bildet Bd. III, von O. v. Kotzebue: „Entdeckungs-Reise in die Südsee". (Weimar 1821.)

Clavigero: „Storia della California", 2 vols. (Venezia 1789.)

Eisen: „An Account of the Indians of the Santa Barbara Islands in California". (Prag 1904.)

Fages: „Voyage en Californie" trad. Ternaux-Compans, in „Nouvelles Annales des Voyages", année 1844, tome I, 145—182, 311—347. (Paris 1844.)

Farnham: „Travels in the Californias, and Scenes in the Pacific Ocean". (New York 1844.)

Freih. v. Loeffelholz: „Die Zoreisch-Indianer der Trinidad-Bai (Californien)," in „Mitth. Anthrop. Ges. Wien", Bd. XXIII. (Wien 1893.)

Palou: „Noticias de las Californias", in „Documentos para la Historia de Mexico", ser. IV, tom. VI y VII. (México 1857.)

Powers: „Tribes of California" in „Contrib. North Amer. Ethnol." vol. III. (Washington 1877.)

Woodes Rogers: „Voyage autour du Monde, commencé en 1708 et fini en 1711". 2 vols. et supplément; trad. (Amsterdam 1716.)

Shelvocke: „A Voyage Round the World, by the Way of the Great South Sea". 2nd edit. (London 1757.)

Venegas: „Noticia de la California, y de su Conquista Temporal, y Espiritual hasta el Tiempo Presente". 3 vols. (Madrid 1757.)

New Mexico, Arizona, Chihuahua, Sonora.

Emory: „Report on the United States and Mexican Boundary Survey". vol. I. (Washington 1857.)

Gatschet: „Der Yuma-Sprachstamm" in „Zeitschr. f. Ethnol." IX, 341—350, 365—389. (Berlin 1877.)

Ives: „Report upon the Colorado River of the West", Senate Doc. 36th Congress, 1st session. (Washington 1861.)

Möllhausen: „Tagebuch einer Reise vom Mississippi nach den Küsten der Südsee". (Leipzig 1858.)

Möllhausen: „Wanderungen durch die Prairien und Wüsten des westlichen Nordamerika". 2. Aufl. (Leipzig 1860.)

Möllhausen: „Reisen in die Felsengebirge Nord-Amerikas bis zum Hoch-Plateau von Neu-Mexico", 2 Bde. (Leipzig 1861.)

Winship: „The Coronado Expedition, 1540—1542", in „XIV. Ann. Rep. Bur. Ethnol." part. I. (Washington 1896.)

Mexico.

Alegre: „Historia de la Compañia de Jesus en Nueva-España"; edic. Bustamente. 3 vols. (Mexico 1841—1842.)

„Antigüedades Mexicanas", Láminas. Chavero: „Lienzo de Tlaxcalla". (México 1892.)

Brasseur de Bourbourg: „Histoire des Nations Civilisées du Mexique et de l'Amérique-Centrale". 4 vols. (Paris 1857—1859.)

Camargo: „Histoire de la République de Tlaxcallan", trad. Ternaux-Compans, in „Nouv. Ann. d. Voyages", Année 1843, tom. II et III. (Paris 1843.)
Clavigero: „Storia Antica del Messico", 4 Bde. (Cesena 1780—1781.)
Cogolludo: „Historia de Yucathan, sacala a luz Fr. de Ayeta". (Madrid 1688, Juan Garcia Infanzon.)
„Cartas y Relaciones de Hernan Cortés al Emperador Carlos V", edic. Gayangos. (Paris 1866.)
[Juan Diaz]: „Itinerario de la Armada del Rey Católico á la Isla de Yucatan", in „Col. Doc. Hist. México", edic. Icazbalceta, vol. I. (México 1858.)
Diaz del Castillo: „Historia Verdadera de la Conquista de la Nueva España", edic. Garcia, 2 Bde. (México 1904.)
Duran: „Historia de las Indias de Nueva-España y Islas de Tierra Firme", tomo I (México 1867); tomo II u. Atlas (México 1880).
Gomara: „Historia de Mexico, con el descvbrimiento dela nueua España". (Anvers 1554.)
Hardy: „Travels in the Interior of Mexico in 1825—1828". London 1829.
A. v. Humboldt: „Essai Politique sur le Royaume de la Nouvelle-Espagne". 5 vols. (Paris 1811.)
Lamberg: „Inspección de las Colonias Militares de Chihuahua" in „Boletin de la Sociedad Mexicana de Geografia y Estadistica", vol. III, 19—25. (México 1852.)
McGee: „The Seri Indians", in „XVIIth Ann. Rep. Bur. Ethnol." part. I. 1—344. (Washington 1898.)
Mota Padilla: „Historia de la Conquista de la Provincia de la Nueva-Galicia". (Mexico 1870.)
Motolinia: „Historia de los Indios de Nueva España", in „Col. de Doc. para la Hist. de México", edic. Icazbalceta, tomo I. (México 1858.
Orozco y Berra: „Geografia de las Lenguas y Carta Etnográfica de México". (México 1864.)
Orozco y Berra: „Historia Antigua y de la Conquista de México". 4 vols. m. Atlas. (México 1880.)
Nuñez Ortega: „Los Navegantes Indigenas en la Época de la Conquista", in „Boletin de la Sociedad de Geografia y Estadistica de la República Mexicana". Tercera época, tomo IV, 47—57. (México 1878.)
Prescott: „History of the Conquest of Mexico", edit. Kirk. 3 vols. (Philadelphia 1882.)
„Relacion de las Ceremonias y Ritos y Poblacion de los Indios de la Provincia de Mechuacan", edic. Solórzano. (Morelia 1903.)
„Ritos Antiguos, Sacrificios é Idolatrias de los Indios de la Nueva España", in „Col. Doc. Inédit. Historia España" LIII, 295—574. (Madrid 1869.)
Sahagun: „Historia General de las Cosas de Nueva España". 3 Bde. (México 1829 bis 1830.)
Sahagun: „Historia de la Conquista de Mexico". (Mexico 1829.)
Solis: „Historia de la Conquista de Mexico". 3 vols. (Barcelona 1789.)
Starr: „Notes Upon the Ethnography of Southern Mexico", in „Proc. Davenport Acad. Nat. Sciences", vol. VIII. (Davenport, Io., 1900.)
Stephens: „Incidents of Travel in Yucatan". 2 vols. (New-York 1843.)
„Relacion hecha por el Señor Andrés de Tápia, sobre la Conquista de México", in „Col. Doc. Histor. México", edic. Icazbalceta; tomo II, p. 554—598. (México 1866.)
Tezozomoc: „Cronica Mexicana". (México 1878.)

Torquemada: „Los Veinte y Un Rituales, y Monarquia Indiana", 3 Bde. (Madrid 1723.)
Villagutierre Soto-Mayor: „Historia de la Conquista de la Provincia de Itza, Reduccion, y Progressos de la de el Lacandon" etc. (Madrid 1701.)

Mittel-Amerika (ohne Yucatán).

Bell: „Remarks on the Mosquito Territory", in „Journ. Roy. Geogr. Soc." vol. XXXII, 242—268. (London 1862.)
„Bericht über die etc. bewirkte Untersuchung einiger Theile des Mosquitolandes". (Berlin 1845.)
Church: „Costa Rica" in „The Geographical Journal", X, 56—84. (London 1897.)
Dampier: „A Voyage Round the World", 2 vols. (London 1699.)
Habel: „The Sculptures of Santa Lucia Cosumalwhuapa in Guatemala", in „Smiths. Contr. Knowl." No. 269. (Washington 1878.)
Milla: „Historia de la América Central", tomo I. (Guatemala 1879.)
Oexmelin: „Histoire des Avanturiers qui se sont signalez dans les Indes." trad. (Paris 1688.)
Pinart: „Les Indiens de l'Etat de Panama" in „Revue d'Ethnographie", VI, 33—56, 117—132. (Paris 1887.)
Sapper: „Die Handelsbeziehungen der Indianerstämme Guatemalas" in „Das Ausland", LXV, 593—598. (Stuttgart 1892.)
Sapper: „Das Nördliche Mittel-Amerika nebst einem Ausflug nach dem Hochland von Anahuac". (Braunschweig 1897.)
Sapper: „Beiträge zur Ethnographie des südlichen Mittelamerika", in „Petermanns Mitteil." Bd. XLVII, p. 25—40 u. Taf. 3. (Gotha 1901.)
Stoll: „Die Ethnologie der Indianerstämme von Guatemala", in Suppl. zu Bd. I v. „Intern. Archiv f. Ethnogr.". (Leiden 1889.)
Wafer: „A New Voyage and Description of the Isthmus of America". (Cleveland, O. 1903.)

Antillen und andere Inseln.

Adam: „Du Parler des Hommes et du Parler des Femmes dans la Langue Caraïbe". (Paris 1879.)
Bachiller y Morales: „Cuba Primitiva", seg. edic. (Habana 1883.)
Bernaldez: „Historia de los Reyes Católicos D. Fernando y D.ª Isabel". 2 vols. (Granada 1856.)
de la Borde: „Relation de l'Origine, Moeurs, Coustumes, Religion, Guerres et Voyages des Caraibes Sauvages des Isles Antilles de l'Amérique" in „Recueil de Divers Voyages etc.". (Paris 1684.)
Breton: „Dictionaire Caraibe-Français", réimpr. Platzmann. (Leipzig 1892.)
Breton: „Dictionaire Français-Caraibe" réimpr. Platzmann. (Leipzig 1900.)
„Select Letters of Christopher Columbus", 2nd edit. by Major. (London 1870; Hakl. Soc.)
de Dampierre: „Essai sur les Sources de l'Histoire des Antilles Françaises (1492 bis 1664)". (Paris 1904.)
Haebler: „Der Deutsche Kolumbus-Brief". (Strassburg 1900.)
„The Historye of the Bermudaes or Summer Islands". (London 1882, Hakl. Soc.)
Labat: „Nouveau Voyage aux Isles de l'Amerique", 2 vols. (La Haye 1724.)

[Rochefort]: „Histoire Naturelle et Morale des Iles Antilles de l'Amérique". Roterdam 1658.)
du Tertre: „Histoire Generale des Antilles Habitées par les François" 4 Bde. Paris 1667—1671.)

Süd-Amerika im allgemeinen.

„Annales des Voyages", publiées par Malte-Brun; vol. III Paris 1809 ; XVI (1811
Appun: „Unter den Tropen", 2 Bde. (Jena 1871.)
Bollaërt: „Antiquarian, Ethnological and other Researches in New Granada, Equador Peru and Chile". (London 1860.)
Cappa: „Estudios Críticos acerca de la Dominación Española en America". Industria Naval; 3 vols. (Madrid 1894.
Crevaux: „Voyages dans l'Amérique du Sud". Paris 1883.
„N. Federmanns und H. Stades Reisen in Südamerica 1529 bis 1555". (Stuttgart 1859.)
Gomara: „Historia General de las Indias", in Vedia: „Historiad. Prim. de Indias", vol. I. (Madrid 1858.)
„The First Voyage round the World by Magellan". (London 1874, Hakl. Soc.)
Marcoy: „Voyage à travers l'Amérique du Sud de l'Océan Pacifique à l'Océan Atlantique", 2 vols. (Paris 1869.)
d'Orbigny: „Voyage dans l'Amérique Méridionale", tome IV, „L'Homme Américain". (Paris 1839.
Poeppig: „Reise in Chile, Peru und auf dem Amazonenstrome während der Jahre 1827—1832". 2 Bde. (Leipzig 1835—1836.)
Smyth and Lowe: „Narrative of a Journey from Lima to Para, across the Andes and down the Amazon". (London 1836.)
„The First Four Voyages of Amerigo Vespucci", facs. edit. (London 1893, Quaritch.)

Columbia und Venezuela.

Ruiz Blanco: „Arte y Tesoro de la Lengua Cumanagota", publ. Platzmann. (Leipzig 1888.)
Ruiz Blanco: „Conversión en Piritú (Colombia) de Indios Cumanagotos y Palenques." (Madrid 1892.)
Comte de Brettes: „Chez les Indiens du Nord de la Colombie", in „Le Tour du Monde", Nouv. Série, IV, 61—96, 433—480. (Paris 1898.)
Candelier: „Rio-Hacha et les Indiens Goajires". Paris 1893.)
Castellanos: „Historia del Nuevo Reino de Granada", 2 Bde. (Madrid 1886.)
Caulin: „Historia Coro-Graphica Natural y Evangelica de la Nueva Andalucía". ([Madrid] 1779.)
Celedon: „Gramática, Catecismo i Vocabulario de la lengua Goajira". (Paris 1878.)
Chaffanjon: „L'Orénoque et le Caura". (Paris 1889.)
Fernández Duro: „Rios de Venezuela y de Colombia", Relac. Inéditas, in „Bol. Soc. Geogr. Madrid", XXVIII, 76—174; XXIX, 161—219. Madrid 1890.)
A. v. Humboldt: „Reise in die Aequinoctial-Gegenden des neuen Continents", deutsch v. H. Hauff. 4 Bde. (Stuttgart 1874.)
Restrepo: „Los Chibchas antes de la Conquista Española". (Bogotá 1895.)

Rojas: „Estudios Indigenas. — Contribuciones a la Historia Antigua de Venezuela". (Caracas 1878.)
Simon: „Noticias Historiales de las Conquistas de Tierra Firme en las Indias Occidentales", 5 vols. (Bogotá 1882—1892.)
Tauste: „Arte Bocabulario Doctrina Christiana y Catecismo de la Lengua de Cumana", publ. Platzmann. (Leipzig 1888.)
Yangues: „Principios y Reglas de la Lengua Cumanagota", publ. Platzmann. (Leipzig 1888.)

Guayana.

Barrère: „Nouvelle Relation de la France Equinoxiale". (Paris 1743.)
van Berkel: „Beschreibung seiner Reise nach Rio de Berbice und Surinam", herausg. v. Blumenbach. (Memmingen 1789.)
Bernau: „Missionary Labours in British Guiana". (London 1847.)
Biet: „Les Galibis", édit. A. Marre. (Paris 1896.)
Brett: „The Indian Tribes of Guiana". (London 1868.)
van Coll: „Gegevens over Land en Volk van Suriname", in „Bijdragen tot de Taal-, Land- en Volkenkunde van Nederlandsch-Indië"; 7e Volgr., I en IV („Toegift"). ('s-Gravenhage 1903).
Gilij: „Saggio di Storia Americana", 4 vols. (Roma 1780—1784.)
„Journal du Voyage, que les Peres Jean Grillet et François Bechamel, de la Compagnie de Jesus, on fait dans la Goyane en 1674", in Gomberville: „Relation de la Riviere des Amazones", p. 201—246. (Amsterdam 1716.)
Gumilla: „El Orinoco Ilustrado, y Defendido", 2 vols. (Madrid 1745.)
Hartsinck: „Beschryving van Guiana, of de Wilde Kust, in Zuid-America", 2 vols. (Amsterdam 1770.)
Hilhouse: „Memoir of the Warow Land of British Guiana", in „Journ. Roy. Geogr. Soc." IV, 321—333. (London 1834.)
Joest: „Ethnographisches und Verwandtes aus Guayana", Suppl. zu Bd. V v. „Inter. Arch. f. Ethnogr.". (Leiden 1893.)
Kappler: „Surinam". (Stuttgart 1887.)
Quandt: „Nachricht von Suriname und seinen Einwohnern, sonderlich den Arawaken, Waraunen uud Karaiben". (Görlitz [1807].)
Quandt: „Nachricht von der Arawackischen Sprache", Neudr. Platzmann. (Leipzig 1900.)
Ralegh: „The Discovery of the Large, Rich, and Beautiful Empire of Guiana". (London 1848, Hakluyt Soc.)
Schmeltz: „Geräthe der Caraiben von Surinam", in „Inter. Arch. f. Ethnogr." X, 60—68. (Leiden 1897.)
„Robert Hermann Schomburgk's Reisen in Guiana und am Orinoko während der Jahre 1835—1839", herausg. v. O. A. Schomburgk. (Leipzig 1841.)
Richard Schomburgk: „Reisen in Britisch-Guiana in den Jahren 1840—1844". 3 Bde. (Leipzig 1847—1848.)
Stedman: „Narrative, of a five years' expedition, against the Revolted Negroes of Surinam". 2 vols. (London 1796.)
im Thurn: „Among the Indians of Guiana". (London 1883.)
Waterton: „Wanderings in South America". (London 1903.)

Ecuador, Perú, Bolivia.

Cavello Balboa: „Histoire du Pérou", édit. Ternaux-Compans. (Paris 1840.)
W. Bayer: „Reise nach Peru" in v. Murr: „Journal zur Kunstgeschichte und zur allgemeinen Litteratur". III, 113—326. Nürnberg 1776.)
Cardús: „Las Misiones Franciscanas entre los Infieles de Bolivia" (Barcelona 1886.)
Cieza de Leon: „La Crónica del Perú", in Vedia: „Hist. Prim. Indias", vol. II (Madrid 1862.
Cobo: „Historia del Nuevo Mundo", edic. Jimenez de la Espada. 4 vols. Sevilla 1890—1893.
Eder: „Descriptio Provinciae Moxitarum in Regno Peruano", edit. Mako. Budae 1791.
Figueroa: „Relación de las Misiones de la Compañia de Jesús en el Pais de los Maynas". (Madrid 1904.
Garcilaso de la Vega: „Primera Parte de los Commentarios Reales". (Madrid 1723.
Garcilaso de la Vega: „Historia General del Perú" (Madrid 1722) [Segunda Parte de los Comentarios Reales de los Incas.].
Gutiérrez de Santa Clara: „Historia de las Guerras Civiles del Perú (1544—1548". 3 Bde. (Madrid 1904—1905.)
Jiménez de la Espada: „Las Islas de los Galápagos y otras más á Poniente", in „Bol. Soc. Geogr. Madrid", tomo XXXI, p. 351—402. (Madrid 1891.)
Las Casas: „De las Antiguas Gentes del Perú". (Madrid 1892.)
Laureano de la Cruz: „Nuevo descubrimento del Rio de Marañon" in Marcellino da Civezza: „Saggio di Bibliografia etc. Sanfrancescana". (Prato 1879.)
Lesson: „Voyage Médical autour du Monde, exécuté sur la Corvette du Roi La Coquille, commandée par, M. L. J. Duperrey, pendant les années 1822, 1823, 1824 et 1825". (Paris 1829.)
Lloyd: „Report of a Journey across the Andes, between Cochabamba and Chimore, to the Westward of the Traders' Route", in „Jour. Roy. Geogr. Soc." vol. XXIV. p. 259—265. London 1854.
Marban: „Arte de la Lengua Moxa", publ. Platzmann. (Leipzig 1894.)
Markham: „Las Posiciones Geográficas de las Tribus que formaban el Imperio de los Incas". edic. Ballivián. La Paz 1902.)
Montesinos: „Memorias Antiguas Historiales y Políticas del Perú". (Madrid 1882.
Ordinaire: „Les Sauvages du Pérou", in „Revue d'Ethnographie". VI, 265—322. Paris 1887.)
Prescott: „History of the Conquest of Peru", edit. Kirk. (London 1892.)
„Relaciones Geográficas de Indias", Perú. 4 vols. (Madrid 1881—1897.
Sarmiento de Gamboa: „Geschichte des Inkareiches", herausg. v. Richard Pietschmann. Berlin 1906.)
Simson: „Notes on the Napo Indians" in „The Journal Anthrop. Inst. Gr. Brit." XII. 21—27. (London 1883.
Skinner: „Gegenwärtiger Zustand von Peru". Übers. (Hamburg 1806.)
Squier: „Peru. Incidents of Travel and Exploration in the Land of the Incas." (London 1877.)
Stevenson: „A Historical and Descriptive Narrative of Twenty Years' Residence in South America". 3 vols. London 1825.
„Tres Relaciones de Antigüedades Peruanas", edic. Jiménez de la Espada. (Madrid 1879.)

v. Tschudi: „Peru. Reiseskizzen aus den Jahren 1838—1842". 2 Bde. (St. Gallen 1846.)
Veigl: „Gründliche Nachrichten über die Verfassung der Landschaft von Maynas, in Süd-Amerika, bis zum Jahre 1768". (Nürnberg 1785.)
Xerez: „Verdadera Relacion de la Conquista del Perú". (Madrid 1891.)
Zárate: „Historia del Descubrimiento y Conquista de la Provincia del Perú", in Vedía: „Historiad. Prim. de Indias", tomo II. (Madrid 1862.)

Brasilien und oberes Amazonas-Becken.

Georg Altenburg: „Beschreibung von Eroberung der Statt S. Saluator in Brasilien" in Hulsius: „Die ein und zwantzigste Schifffahrt". (Franckfurt am Mayn 1629.)
Barlaeus: „Brasilianische Geschichte", a. d. Holl. (Cleve 1659.)
Bates: „The Naturalist on the River Amazons". (London 1864.)
Camara: „Ensaio sobre as Construcções Navaes Indigenas do Brasil". (Rio de Janeiro 1888.)
[Diogo de Campos Moreno]: „Jornada do Maranhão feita por Jeronymo de Albuquerque em 1614", in „Coll. de Noticias etc. das Nações Ultramarinas", vol. I, Num. III. (Lisboa 1812—1826.)
Cardim: „Narrativa Epistolar de uma Viagem e Missão Jesuitica". (Lisboa 1847.)
Cardim: „Do Principio e Origem dos Indios do Brazil". (Rio de Janeiro 1881.)
Carvajal: „Descubrimiento del Río de las Amazonas", edic. Toribio Medina. (Sevilla 1894.)
de la Condamine: „Relation Abrégée d'un Voyage fait dans l'Intérieur de l'Amérique Méridionale". (Maestricht 1778.)
Coudreau: „Voyage au Tocantins-Araguaya". (Paris 1897.)
Couto de Magalhães: „O Selvagem". (Rio de Janeiro 1876.)
„Dialogos das Grandezas do Brazil", ediç. do „Inst. Arch. e Geogr. Pernambucano". (Recife 1886.)
„Diccionario Brazileiro da Lingua Portugueza", in „Annaes da Bibliotheca Nacional do Rio de Janeiro", vols. XIII e XIV (Rio de Janeiro 1889—1890.)
„Expeditions into the Valley of the Amazons, 1539, 1540, 1639", edit. Markham. (London 1859, Hakl. Soc.)
Gonsalves da Fonseca: „Navegação feita da Cidade do Gram Pará até á bocca do Rio da Madeira, etc., no anno de 1749", in „Coll. Notic. das Nações Ultramarinas", tom. IV. (Lisboa 1812—1826.)
Garraux: „Bibliographie Brésilienne". (Paris 1898.)
v. Jhering: „A Civilisação Prehistorica do Brazil Meridional", in „Revista do Museu Paulista", I, 33—159. (São Paulo 1895.)
v. Jhering: „The Anthropology of the State of S. Paulo, Brazil" 2. edit. (São Paulo 1906.)
Koch-Grünberg: „Die Makú", in „Anthropos", I, 877—906. (Salzburg 1906.)
de Lery: „Histoire d'vn Voyage fait en la Terre du Bresil, autrement dite Amerique", 3ième edit. (1594 [Genève] E. Vignon.)
[Maroni]: „Noticias Auténticas del Famoso Río Marañón" etc., edic. Jiménez de la Espada, in „Bol. Soc. Geográf. Madrid", tom. XXVI—XXXIII. (Madrid 1889—1892.)
Martius: „Wörtersammlung Brasilianischer Sprachen". (Leipzig 1867.)
Montoya: „Tesoro de la Lengva Gvarani", publ. Platzmann. (Leipzig 1876.)
Montoya: „Bocabulario de la Lengva Gvarani", publ. Platzmann. (Leipzig 1876.)

Nieuhof: „Gedenkweerdige Brasiliaense Zee- en Lant-Reize". (Amsterdam 1682.)
Osorius: „De Rebvs Emmanvelis". (Coloniae Agripp. 1580.)
Piso: „Tractatvs de Aëribus, Aquis, et Locis", in Barlaeus: „Rerum per Octennium in Brasilia et alibi gestarum". (Clivis 1660.)
„Revista Trimensal de Historia e Geographia ou Jornal do Instituto Historico Geographico Brasileiro", vols. I—III, VI, XIII, XX, XXI, XXIV, LVII. (Rio de Janeiro 1839—1894.)
Ribeiro de Sampaio: „Diario da Viagem etc. em visita das povoações da Capitania de S. Joze do Rio Negro etc. no anno de 1774 e 1775". (Lisboa 1825.)
Richshoffer: „Diario de um Soldado da Companhia das Indias Occidentaes (1629—1632", trad. A. de Carvalho. (Recife 1897.)
Manuel Rodriguez: „El Marañon y Amazonas". (Madrid 1684.)
A. de Saint-Hilaire: „Voyage à Rio-Grande do Sul (Brésil)". (Orléans 1887.)
Vicente do Salvador: „Historia do Brasil", in „Annaes da Bibliotheca Nacional do Rio de Janeiro", vol. XIII. Rio de Janeiro 1889.)
Soares de Souza: „Tratado Descriptivo do Brazil em 1587", edic. Varnhagen (Rio de Janeiro 1851.)
Spix und Martius: „Reise in Brasilien", 3 Bde. (München 1823—1831.)
Spruce: „Note on the River Purús, a Tributary to the Amazon", in „The Travels of Pedro Cieza de Leon", p. 339—351. (London 1864. Hakluyt Soc.)
„The Captivity of Hans Stade of Hesse", edit. Richard F. Burton. (London 1874. Hakl. Soc.)
von den Steinen: „Durch Central-Brasilien". (Leipzig 1886.)
von den Steinen: „Unter den Naturvölkern Zentral-Brasiliens". (Berlin 1894.)
„Viaje del Capitán Pedro Texeira aguas arriba del Rio de las Amazonas. (1637—1638)", in „Bol. Soc. Geográf. Madrid", tom. IX, XIII, XXVI (Madrid 1880, 1882 u. 1889.)
Thevet: „Les Singularitez de la France Antarctique", édit. Gaffarel. (Paris 1878.
Varnhagen: „Historia Geral do Brazil", 2 vols. (Rio de Janeiro 1854—1857.)
Vasconcellos: „Chronica da Companhia de Jesu do Estado do Brasil", 2 vols. (Lisboa 1865.)
Vasconcellos: „Vida do veneravel padre Joseph de Anchieta da Companhia de Jesv. tavmatvrgo do Nouo Mundo, na Prouincia do Brasil". (Lisboa 1672.)
„Carta de Pero Vaz de Caminha a El-Rei D. Manuel". (Bahia 1900.)
Prinz zu Wied-Neuwied: „Reise nach Brasilien in den Jahren 1815 bis 1817". (Frankfurt a M. 1820—1821.)
Yves d'Évreux: „Voyage dans le Nord du Brésil fait durant les années 1613 et 1614". edit. F. Denis (Leipzig et Paris 1864).

Chaco, Paraguay, Nördl. Argentinien, Uruguay.

Arenales: „Noticias Históricas y Descriptivas sobre el gran pais del Chaco y Rio Bermejo". Buenos Aires 1833.)
Azara: „Voyages dans l'Amérique Méridionale, depuis 1781 jusqu'en 1801". (Paris 1809.
Baldrich: „El Chaco Central Norte". Buenos Aires 1890.)
„Pater Florian Baucke, ein Jesuit in Paraguay", herausg. v. Kobler. (Regensburg 1870.)
Boggiani: „I Caduvei". (Roma 1895.)
Cabeza de Vaca: „Relación de los Naufragios y Comentarios". 2 vols. (Madrid 1906.)

Dobrizhoffer: „An Account of the Abipones, an equestrian people of Paraguay". 3 vols. transl. (London 1822.)
Fernandez: „Relacion Historial de las Misiones de Indios Chiquitos". 2 vols. (Madrid 1895.)
Grubb: „Among the Indians of the Paraguayan Chaco". (London 1904.)
Pelleschi: „Los Indios Matacos y su Lengua" in „Bol. Inst. Geogr. Argent." XVII (Buenos Aires 1896); XVIII. (Buenos Aires 1897.)
Peña: „Etnografía del Chaco" in „Bol. Inst. Geogr. Argent." XIX, 464—510. (Buenos Aires 1898.)
Rengger: „Naturgeschichte der Säugethiere von Paraguay". (Basel 1830.)
Rengger: „Reise nach Paraguay in den Jahren 1818 bis 1826". (Aarau 1835.)
„Ulrich Schmidels Reise nach Süd-Amerika in den Jahren 1534 bis 1554", herausg. v. Langmantel. (Tübingen 1889.)
Thouar: „Explorations dans l'Amérique du Sud". (Paris 1891.)

Chile, Pampas, Patagonien, Feuerland.

Amunátegui: „Descubrimiento i Conquista de Chile". (Santiago de Chile 1885.)
„Journal of the Right Hon. Sir Joseph Banks", edit Sir Joseph Hooker. (London 1896.)
Bougainville: „Voyage autour du Monde, par la Frégate du Roi La Boudeuse, et la Flûte l'Étoile", 2 vols. (Paris 1772.)
Bridges: „La Tierra del Fuego y sus Habitantes", in „Bol. Inst. Geogr. Argentino", XIV, 221—241. (Buenos Aires 1893.)
Byron: „Beschreibung einer Reise um die Welt", in Hawkesworth: „Geschichte der See-Reisen und Entdeckungen im Süd-Meer", Übers. Bd. I. (Berlin 1774.)
[Córdoba] „Relacion del Último Viage al Estrecho de Magallanes de la Fragata de S. M. Santa María de la Cabeza en los años de 1785 y 1786". (Madrid 1788.)
„Apéndice a la Relacion del Viage al Magallanes de la Fragata de Guerra Santa María de la Cabeza". (Madrid 1793.)
Cox: „Viaje en las Rejiones Septentrionales de la Patagonia, 1862—1863". (Santiago de Chile 1863.)
Darapsky: „Estudios Linguísticos Americanos. Fueginos", in „Bol. Inst. Geogr. Argentino", X, 276—289. (Buenos Aires 1889.)
Darwin: „Journal of Researches etc. during the Voyage of H. M. S. Beagle round the World". (London 1845.)
Domeyko: „Araucania i sus Habitantes". (Santiago 1845.)
Ercilla: „La Araucana", 2 vols. (Madrid 1776.)
Falkner: „A Description of Patagonia, and the Adjoining Parts of South America". (Hereford 1774.)
J. R. Forster: „Bemerkungen auf seiner Reise um die Welt", herausg. v. Georg Forster. (Berlin 1783.)
Guevara: „Historia de la Civilización de Araucania", in „Anales de la Universidad de Chile", Memorias, tom. CV—CXIII. (Santiago de Chile, 1899—1903.)
Havestadt: „Chilidúgú sive Tractatus Linguae Chilensis", publ. Platzmann. (Lipsiae 1883.)
Hyades: „La Chasse et la Pêche chez les Fuégiens de l'Archipel du Cap Horn", in „Rev. d'Ethnogr.", IV, 514—553. (Paris 1885.)

Marcel: „Les Fuégiens à la fin du XVIIe siècle". Paris 1892.)
Toribio Medina: „Los Aborijenes de Chile". (Santiago 1882.
„Viajes de Fray Francisco Menendez a la Cordillera", edic. Fonck. (Valparaiso 1896.)
Miers: „Travels in Chile and La Plata", 2 vols. (London 1826.)
Molina: „Saggio sulla Storia Civile del Chili". (Bologna 1787.)
Philippi: „Über die Canco-Indianer und die Töpferei in Chile" in „Verh. Berl. Ges. f. Anthrop." VI, 178—180. (Berlin 1874.)
Pineda y Bascuñan: „Cautiverio Feliz, y Razon Individual de las Guerras Dilatadas del Reino de Chile". (Santiago 1863.
Popper: „Apuntes Geográficos, Etnológicos, Estadisticos é Industriales sobre la Tierra del Fuego", in „Bol. Inst. Geogr. Argentino", XII, 131—170. (Buenos Aires 1891.)
Rosales: „Historia General de el Reyno de Chile Flandes Indiano", 3 vols. (Valparaiso 1877—1878.)
Sarmiento: „Facundo; ó, Civilizacion i Barbarie en las Pampas Arjentinas". (Nueva York 1868.)
Segers: „Tierra del Fuego, Hábitos y Costumbres de los Indios Aonas", in „Bol. Inst. Geogr. Argentino". XII, 56—82. (Buenos Aires 1891.)
Valdivia: „Arte Vocabulario y Confesionario de la Lengua de Chile", publ. Platzmann. (Leipzig 1887.)
Wallis: „Beschreibung einer Reise um die Welt, in den Jahren 1766, 1767 und 1768", in Hawkesworth: „Geschichte der See-Reisen und Entdeckungen im Süd-Meer". Übers. Bd. I. (Berlin 1774.)
Weddell: „A Voyage towards the South Pole, performed in the years 1822—24". 2nd edit. London 1827.)

Allgemeine Völkerkunde. Verschiedenes.

R. Andree: „Ethnographische Parallelen und Vergleiche". Stuttgart 1878.)
R. Andree: „Die Flutsagen". Braunschweig 1891.)
R. Andree: „Die Plejaden im Mythus und in ihrer Beziehung zum Jahresbeginn und Landbau", in „Globus". Bd. LXIV, p. 362—366. (Braunschweig 1893.)
Charton: „Voyageurs Anciens et Modernes", 4 vols. Paris 1854—1857.)
Cooper: „The Deerslayer". (New York s. d., Lupton.)
Cooper: „The Prairie" (New York s. d., Lupton).
A. v. Humboldt: „Kosmos", 4 Bde. (Stuttgart u. Tübingen 1845—1858.)
„Voyages d'Ibn Batoutah", édit. Defrémery et Sanguinetti; 4 vols. (Paris 1877, 1879, 1893.)
Lane Fox: „Early Modes of Navigation" in „Journ. Anthrop. Inst. Gr. Britain", IV, 399—437. (London 1875.
„Livre des Merveilles de l'Inde", édit. van der Lith et Devic. (Leide 1883—1886.
Longfellow: „The Song of Hiawatha". (Boston 1855.
von Luschan: „Über Boote aus Baumrinde," in „Aus der Natur", III, 15—22, 49—53. (Leipzig 1907.
Man: „On the Aboriginal Inhabitants of the Andaman Islands" in „Jour. Anthrop. Inst. Gr. Britain", vol. XII, p. 69—116, 117—175, 327—434. (London 1883.)
v. Martius: „Die Pflanzen und Thiere des tropischen America", m. Atlas. (München 1831.)

de Mortillet: „Origine de la Navigation et de la Pêche". (Paris 1867.)
„The Nautical Magazine", vol. I. ([London] 1832.)
Paris: „Essai sur la Construction Navale des Peuples Extra-Européens", m. Atlas. (Paris [1841], Arthus Bertrand.)
Peschel: „Geschichte des Zeitalters der Entdeckungen". 2. Aufl. (Stuttgart 1877.)
Peschel: „Völkerkunde", 5. Aufl., herausg. v. A. Kirchhoff. (Leipzig 1881.)
Raleigh: „The Invention of Ships" in „Old South Leaflets" No. 166. (Boston, Mass., s. d.)
Veth: „Uit Oost en West". (Arnhem 1889.)
Voss, Ranke, Brunner: „Zur Forschung über alte Schiffstypen auf den Binnengewässern und an den Küsten Deutschlands und der angrenzenden Länder", in „Corr. Bl. Gesellsch. Anthrop." Jahrg. XXXIII u. XXXIV. (München 1903 u. 1904.)
Weule: „Das Meer und die Naturvölker", in „Ratzel-Gedenkschrift", p. 411—462. (Leipzig 1904.)